CURSO DE FORMACIÓN

MINISTERIAL

CAPACITADOS PARA
RESTAURAR

C O N S E J E R Í A

T0053261

CURSO DE FORMACIÓN

MINISTERIAL

CAPACITADOS PARA RESTAURAR

CONSEJERÍA

editorial clie

Jay E. Adams

EDITORIAL CLIE
CLIE, E.R. n.º 2.910-SE/A
C/ Ferrocarril, 8
08232 VILADECAVALLS (Barcelona) ESPAÑA
E-mail: libros@clie.es
Internet: http:// www.clie.es

CAPACITADOS PARA RESTAURAR

Versión española: Eliseo Vila

ISBN: 978-84-7645-083-3

Clasifíquese:
440-Pastoral:
Consejería Pastoral-Generales
CTC: 01-05-0440-07
Referencia: 22.31.32

ÍNDICE

PREFACIO

Todos los cristianos tienen que aconsejar; esto lo he mostrado en *Competente para aconsejar* y en *The Big Umbrella*. De nuevo, en el capítulo 1 de este libro voy a investigar el tema, aunque de modo algo distinto. Como es verdad que cada cristiano debe aconsejar, es importante que aquellos que hemos venido ocupándonos de la enseñanza y la práctica de aconsejar, proporcionemos ayuda para ello en una forma que sea a la vez simple y no técnica, si bien, al mismo tiempo, sea bíblica y suficientemente abarcativa. Éste es un equilibrio difícil de lograr, lo reconozco, pero es precisamente lo que se necesita. Este libro es un intento de cubrir esta necesidad.

Pero, antes de proseguir, permítaseme decir dos cosas de modo claro y sencillo:

1. La lectura de este libro no hará, por sí sola, que seas un buen consejero. Espero, sin embargo, que te hará emprender la marcha de la buena dirección y que te ayudará a hacerte mucho más efectivo. La aplicación de los principios bíblicos, perfeccionados en oración mediante práctica persistente, es indispensable; el estudio de un libro no puede realizar la tarea. En lo que estoy pensando al escribir este

7

libro es en familiarizarte con cierto número de estos principios bíblicos y guiarte para que los pongas en práctica. Pero no puedo hacer por ti lo que debes hacer tú, en oración y obediente práctica, ante Dios y tu prójimo.

2. En segundo lugar, aunque este libro es bastante extenso en su alcance, es inevitable que omita muchas áreas a fin de que sea simple y fácil, para que el miembro regular de una iglesia cristiana pueda usarlo como libro de texto *inicial*. Esto significa que he tenido que pasar por alto muchos detalles, y he procurado no entrar en ningún tema demasiado a fondo.[1] Pero, a diferencia de muchos libros simples, éste no es ni simplista ni superficial. Todo lo que hay en él es fruto de un arduo estudio de la Biblia, así como un largo ministerio de la Palabra consagrado al aconsejar. He procurado producir un libro que esté libre de las innecesarias complicaciones de jerga técnica y argumentación aburrida, pero que (al mismo tiempo) preserve y presente un cuadro verdadero del aconsejar cristiano en una forma coherente y sistemática. El libro está prácticamente libre de polémica.

Ahora bien, si ésta es la clase de libro que ahora vas a estudiar, ¿cómo puedes usarlo con más ventaja?

Permíteme que sugiera una o dos formas en que puedes hacerlo. Primero, puede ser usado como un libro de texto en *colleges* bíblicos, iglesias, grupos de estudio bíblico, reuniones de oración o grupos de adultos jóvenes. El contenido, el alcance, el formato y el lenguaje han sido diseñados para este uso. En los grupos en que haya más libertad, una forma de organizar la clase podría ser que el maestro asignara un capítulo cada

---

1. Para hallar más profundidad y detalle ver otros libros míos; *Competente para aconsejar, El manual del consejero cristiano, Pláticas sobre aconsejar* y *Más que redención.*

semana, para que cada uno de los miembros lo leyera antes de asistir a la clase basada en su lectura. Debería pedir a cada estudiante que escribiera sus observaciones y preguntas ocasionadas por la lectura, para que las presente durante la clase. Cuando las preguntas sean manifestadas, debería haber discusión de las mismas. Las preguntas que no son contestadas de modo adecuado pueden ser asignadas a cuatro personas a quienes se haya prestado un ejemplar de uno de mis otros cuatro libros más extensos mencionados en la nota al pie anterior. Durante la semana, estas cuatro personas pueden buscar las respuestas en estos libros y dar un informe en la próxima clase de lo que han hallado. Este procedimiento va a familiarizar a la clase con la existencia de otros libros que tratan más a fondo del tema. El líder de la clase debe tener su propio ejemplar de los cuatro libros, y debe haber leído los materiales que sean pertinentes a la discusión de la clase próxima. En las discusiones de la clase debería haber cierto número de preguntas del tipo «¿Qué pasa si...? —presentadas por individuos o por el líder— para ser objeto de estudio por todo el grupo. Estas preguntas deberían referirse a la elaboración práctica de los principios bíblicos y las técnicas descubiertas en la lectura respecto a cómo han de aplicarse bajo circunstancias variadas en los distintos casos para aconsejar. Las personas en la clase es posible que deseen compartir problemas sobre aconsejar que pueden haber encontrado ellos mismos y a los cuales se aplica el capítulo que se discute (el líder debería aplazar las preguntas cuando se refieren a asuntos que se hayan de tratar en capítulos posteriores).[2] Al compartir las experiencias reales, el líder *debe* dejar bien claro que todos los casos deben ser irreconocibles en cuanto a su identidad. Esto quiere decir que *todos*

---

2. Estas preguntas pueden ser anotadas en una agenda de la clase, para referencias ulteriores. Puede nombrarse un secretario para hacerse cargo de esta tarea.

los factores identificadores (nombres, fechas, lugares, características especiales) deben ser totalmente omitidos. El líder debe asegurarse de ser *totalmente estricto* en que no hay violación alguna de esta regla inflexible. Debe interrumpir al instante todo relato que pudiera ser identificado en una forma u otra. ESTA REGLA DEBE SER OBSERVADA DE MODO ESTRICTO. Recuérdese que Proverbios advierte constantemente contra el chismorreo; Santiago 4:11 puede ser leído, junto con otros pasajes del final del capítulo 4 de Efesios, cuando se da cuenta de esta regla en el primer período de discusión. Algunos grupos pueden preferir hacer la discusión de otros casos inventados, en vez de permitir discusión de casos reales. Otros pueden preferir hacer los dos. Para este objeto hay un libro que contiene 140 situaciones para aconsejar que han sido preparadas; se titula *El libro de casos del consejero cristiano*. Al final de cada clase el secretario debe registrar en un «Libro de conclusiones« las que se hayan alcanzado. Estas conclusiones, cortas, de una frase, deberían ser objeto de acuerdo por parte de *todos*. Al final del curso el libro puede ser mimeografiado y se da una copia a cada miembro de la clase.

En segundo lugar, en situaciones en que la clase tiene un carácter más formal, muchos de los procedimientos mencionados antes pueden ser apropiados. Pero, además, el maestro puede asignar *uno* de los cuatro libros antes mencionados como lectura requerida fuera de la clase. Puede requerirse un pequeño trabajo escrito o ensayo, al final del curso, informando sobre lo leído, así como la aplicación de los principios aprendidos en el mismo a uno o más problemas presentados en la clase.

Naturalmente, hay muchas variaciones de estos temas. Pero no es conveniente que se ponga mucho énfasis en otros libros, puesto que esto significaría anular el propósito de éste. Si se desea ampliar el objetivo del presente libro, es mejor usar *Más que redención* y uno o más de los otros tres.

Naturalmente, este libro puede ser usado también de modo individual.

Sé que hay mucha necesidad de un volumen como el presente; son a centenares los miembros de iglesia, así como sus pastores, que me lo han pedido. A fin de satisfacer esta necesidad, edificar la Iglesia de Cristo y honrarle a Él como Señor, lo ofrezco para los propósitos que Él quiera usarlo.

JAY E. ADAMS
The Milhouse
Juliette, Georgia
1980

Capítulo 1

¿QUIÉN DEBE ACONSEJAR?

¿Es el aconsejar cristiano la obra de un grupo de personas muy especializadas? ¿Pertenece sólo a los pastores y a los ancianos de las iglesias exclusivamente? ¿Qué pasa con el miembro regular de una iglesia cristiana, hombre o mujer: tienen ellos un ministerio de aconsejar al cual Dios los haya llamado como legos? Estas preguntas y otras similares me las han hecho muchas personas docenas de veces, casi cada semana del año.

La respuesta es simple, pero profunda: Dios llama a cada cristiano a aconsejar a otros, en algún punto, algún tiempo, sobre algo, pero no los llama a aconsejar a cada persona, bajo toda situación, en todo tiempo, sobre todo. Procuraré explicar esta afirmación en el resto de este capítulo. En Gálatas 6:1 leemos:

> «Hermanos, si alguno es sorprendido en alguna falta, vosotros, los que sois espirituales, restauradle con espíritu de mansedumbre, considerándote a ti mismo, no sea que tú también seas tentado.»

A este versículo puede añadirse Romanos 15:14:

> «Pero estoy convencido de vosotros, hermanos míos, de que vosotros mismos estáis llenos de bondad,

llenos de todo conocimiento, y capacitados también para amonestaros los unos a los otros.»

Y en Colosenses 3:16:

«La Palabra de Cristo habite ricamente en vosotros, enseñándoos y amonestándoos unos a otros en toda sabiduría, cantando con gracia en vuestros corazones al Señor con salmos, himnos y cánticos espirituales.»

Estos versículos, de modo claro, hacen entrar de pleno a todos los cristianos (todos los que «tienen el Espíritu») en la tarea del aconsejar.

La orden es clara: tenemos todos que «restaurar» a cualquier hermano o hermana a quien Dios haya colocado providencialmente en nuestro camino de cada día. Pero, al mismo tiempo, hay varias consideraciones importantes que hemos de mencionar. El fallar en hacerlo daría una impresión falsa de lo que Dios requiere.

Primero, notemos la palabra «restaurar». La palabra es importante. El original griego de la palabra (el Nuevo Testamento fue escrito en griego) era usado por los pescadores y los médicos cuando describían el reparar las redes o el reducir una fractura. Llamaban a esta tarea «restauración». Una red rasgada tiene muy poco valor, los peces se escapan por el agujero. Lo mismo un hueso roto es inútil, pues es imposible apoyarse en él. Pero cuando las redes son reparadas y los huesos reducidos, decimos que han sido *restaurados a su uso propio.*

Después de la restauración, la red o el brazo vuelven a funcionar como deben. Éste es precisamente el objetivo del aconsejar cristiano que se nos presenta delante en Gálatas 6:1. Al sobrellevar la carga del aconsejar a aquellos que están en necesidad (y el aconsejar es una carga), uno procura restaurar al hermano o hermana que yerra a la utilidad en la Iglesia de Cristo, para su honor y para el beneficio de ellos (*cfr.* Gál. 6:2 con 6:5). El consejero no asume las responsabilidades del hermano (no es esto lo que dice el v. 2); lo que hace es llevar la carga de la necesidad de aconsejar, de modo que el hermano mismo sea capaz de llevar sus responsabilidades (v. 5). Esto es restaurar: restaurar a otro a un lugar de utilidad en la Iglesia del Señor.

En segundo lugar, notemos que es el mismo miembro de una iglesia cristiana que ha de hacer esta restauración. No ha de remitir al hermano que necesita ser aconsejado al pastor o a los ancianos de la iglesia. Más bien, la restauración es su propia obligación. Es de suponer que lo que Pablo dice es que el tener el Espíritu califica de modo básico al cristiano para ayudar a otro. El hecho de la presencia del Espíritu no sólo hace posible, sino apropiado, que uno inicie y entre en el proceso de restauración o de aconsejar. Esto no significa que uno que se queda atascado en algún punto, en el curso del aconsejar, no pueda buscar la ayuda de otro cristiano; [1] naturalmente que puede. Pero significa que no puede remitirlo a otro como medio de esquivar sus propias responsabilidades en la materia. Ha de recordar que Dios colocó, providencialmente, al cristiano que yerra en su camino, para que él le ministre. A diferencia del sacerdote y el levita, no puede pasar de largo por el otro lado. Dios nos requiere en estas situaciones que seamos buenos samaritanos, derramando aceite sobre el alma a nuestra costa.

Si en algún punto se ve que es necesario remitir al hermano a un anciano o al pastor, es prudente que la referencia que hagas sea no sólo del aconsejado, sino de ti mismo. Al hacerlo, aprenderás lo que no sabías, de modo que en el futuro podrás resolver la misma cla-

---

. 1. Y, naturalmente, si uno que necesita consejo se niega a recibirlo, el que quería dárselo puede verse obligado a llamar a los ancianos para que intervengan.

se de problema tú mismo. Además, puedes ofrecer al consejero información muy valiosa.

En tercer lugar, nota también que es a los que Dios ha colocado providencialmente en tu camino que se te manda restaurar. No se te llama a un ministerio en que busques casos potenciales para aconsejar (no hay necesidad de esto, en realidad; ¡el camino de Jericó está lleno de víctimas!). El miembro que vaya buscando problemas entre sus hermanos está pecando; se ha vuelto un entremetido (2.ª Tes. 3:11). Su tarea es hacer bien cuando aparece la oportunidad (Gál. 6:10); esto es, cuando Dios coloca a otro en su camino. Esta consideración importante significa que el miembro de la iglesia está llamado a un ministerio no oficial de aconsejar. El aconsejar sólo es una parte ocasional de la tarea de ser un cristiano. Por el hecho de tener el Espíritu, es capaz de hacer este aconsejar no oficial al que ha sido llamado en todo el curso de las actividades de su vida. Pero *no* es llamado a un ministerio en forma de aconsejar como una parte de su *vocación en la vida*. Esta tarea es designada para personas dotadas de modo especial, que han sido ordenadas (designadas) para la tarea como ancianos, dirigentes y administradores de los que se requiere que pastoreen la grey de Dios.

A estos consejeros oficiales de la iglesia, a los que Dios requiere que aconsejen como parte de su cargo (o trabajo), Dios les ha dado una carga más pesada y una autoridad más amplia para ejercerla. Como resultado, tienen que hacer lo que al lego se le prohíbe hacer; deben buscar los problemas entre los miembros de la iglesia, con miras a cortarlos de raíz. Como pastores, no se les requiere sólo que se hagan cargo de los problemas con los cuales tropiezan en su camino, sino que han de vigilar sobre las almas (vidas) de cada miembro:

«Obedeced a vuestros pastores, y someteos a ellos; porque ellos velan por vuestras almas, como quienes han de dar cuenta; para que lo hagan con alegría, y no quejándose, porque esto no os es provechoso» (Heb. 13:17).

La palabra griega en que este versículo dice «velan» significa «están despiertos», «están alerta» de los problemas que puedan aparecer.

Además, el miembro de una iglesia puede aconsejar hasta el segundo nivel del proceso de reconciliación/ disciplina (Mat. 18:16), pero no hasta el tercero (Mat. 18:17-20; aunque pueden ser testigos a este nivel si han participado de un proceso de aconsejar en el segundo nivel). En este tercer nivel, las personas con cargos, representando a toda la iglesia, perdonan o excomunican usando las llaves para atar o desatar (vv. 18-20). Este tercer nivel, de tipo disciplinario del aconsejar, pertenece a los «dos o tres» ancianos que son llamados a administrarlo.

Si bien el aconsejar del cristiano está limitado a este alcance y a este tipo, con todo, es de gran valor; en realidad es, quizá, la mayor parte del aconsejar que se hace en la iglesia. Gran parte del aconsejar al tercer nivel en el que los ancianos se han de ocupar no sería necesaria si los miembros instruidos hubieran hecho una buena labor al reconocer su obligación a aconsejar y cumplirla. Muchos de los pasajes que hablan de «el uno al otro» en el Nuevo Testamento pertenecen en alguna forma a nuestro tipo de aconsejar.[2]

Debido al hecho de que los miembros que toman de modo serio las órdenes bíblicas de aconsejar tienen una responsabilidad tan extensa e importante, deberían estudiar la forma en que pueden hacerlo del modo más efectivo. Después de todo, el aconsejar bien, puede ayu-

2. Sería una buena idea como asignación a la clase el localizar, estudiar e informar sobre estos pasajes.

dar a otro de modo inmenso; el consejo pobre puede ser perjudicial. Las vidas de los hermanos están en juego, así como el bienestar de la Iglesia de Cristo y el honor de su Nombre. Por tanto, la orden de restaurar no puede tomarse a la ligera.

Para ayudar a aconsejar mejor, en una forma más bíblica, en el próximo capítulo daremos cuenta de los objetivos y actitudes propias que Dios dice han de acompañar al aconsejar cristiano.

Capítulo 2

OBJETIVOS, ACTITUDES Y PELIGROS

El aconsejar no es fácil ni simple. Pero los problemas relacionados con él se pueden reducir a un mínimo si se observan cuidadosamente las directrices bíblicas. Los que fallan en hacerlo se perjudican a sí mismos y reducen sus posibilidades de ayudar a otros.

Como el aconsejar implica el bienestar de otros, la forma en que se hace es de vital importancia. Algunos, dándose cuenta de los peligros, se abstienen del todo y desobedecen la orden de «restaurar» a otros. Dios no permite hacer esto; Él te ha llamado a este ministerio como creyente. Como no puedes esquivar la responsabilidad de aconsejar, debes aprender a establecer tus objetivos y metas apropiados, la forma de desarrollar las actitudes convenientes y el modo de evitar los muchos peligros inherentes en la situación de aconsejar. En un sentido, todo el libro trata de ayudarte a hacer estas cosas, pero en este capítulo mencionaré uno o dos factores básicos que te pondrán en el buen camino desde el principio.

El objetivo *último* tras toda actividad cristiana, incluido el aconsejar, es glorificar a Dios (Col. 3:23). Los cristianos nunca adoptan una posición humanística;

todo lo que hacen implica para ellos la dimensión vertical. Sin embargo, en cada esfuerzo hay un objetivo general que uno procura alcanzar, a fin de glorificar a Dios. Preguntemos, pues: «¿Cuál es este objetivo general del aconsejar por los miembros?» Ya hemos notado en el capítulo anterior que Pablo nos llama a restaurar a los hermanos que yerran a su lugar de utilidad a Cristo en su iglesia (Gál. 6:1). La restauración a la utilidad, pues, es el objetivo del aconsejar cristiano. Siempre que aconsejes a otro debes preguntar: «¿Cómo ha sido disminuida esta utilidad a Cristo por su problema?» Y no has de descansar hasta que se recobre la utilidad.[1]

El objetivo de la restauración debería guiar todas las actividades y actitudes de uno. El consejero aconseja no para castigar, o para exponer los fallos de otros, o divertirse a su costa, etc.; le aconseja para restaurarle a la utilidad. Además, con este objetivo constantemente presente, el consejero hará lo que hace, no sólo para ayudar al aconsejado (aunque esto sea importante), sino también para lograr otros objetivos. Es perfectamente correcto *interesarse* por el aconsejado y procurar su bienestar; aparte de este interés del consejero, por el cual puede «llorar con los que lloran y gozarse con los que se gozan», no es posible lograr ni el objetivo último (la gloria de Dios) ni el objetivo general (restauración). Sin embargo, los consejeros cristianos, a diferencia de los demás consejeros, no están meramente orientados hacia el aconsejado: quieren honrar a Cristo, y, como Él, se interesan también en su Cuerpo, la Iglesia. El bienestar de todo el cuerpo es afectado de modo adverso por el fallo de alguna parte. El aconse-

---

1. La obra de Pablo con Onésimo le llevó a escribir: «Onésimo..., el cual en otro tiempo te fue inútil, pero ahora a ti y a mí nos es útil» (Flm. 10, 11). Algunos consejeros preguntan: «¿Cómo podemos saber el momento de dar fin a un proceso de aconsejar?» Un factor muy importante en esta decisión es el determinar si el aconsejado ha sido restaurado a la utilidad.

jar, pues, no sólo es la interacción entre un consejero y una o más personas en la sala para aconsejar; afecta en varias formas a todo el rebaño y a todas sus actividades. Cada consejero debe ver claramente que todo lo que hace en el aconsejar no sólo lo hace para el aconsejado sino también para Cristo y para su Iglesia.

El aconsejar es una actividad que el cristiano emprende no como un individuo particular, sino como un miembro del cuerpo. Como actividad del tipo «uno al otro» (cfr. Col. 3:16), es llevada a cabo entre aquellos que tienen obligaciones mutuas como miembros de la iglesia, no una actividad personal.[2] El aconsejar por los miembros, pues, si bien no es oficial (esto es, no es conducido en el nombre de la iglesia por personas con cargos), sin embargo, está sometido a la dirección de la iglesia.

Los consejeros legos —o sea, miembros de iglesia—, meramente han de estar dispuestos a recibir instrucción de la iglesia para aconsejar, del mismo modo que estarían dispuestos a recibir instrucción sobre evangelismo o vida familiar. Por otra parte, como Dios requiere aconsejar de los miembros, es un deber de las iglesias proporcionar esta instrucción. Si tu iglesia no proporciona esta instrucción, debes pedirla (en forma amable). Este libro ha sido diseñado como una herramienta tanto para las iglesias como para los miembros. Todo consejero lego debe estar también dispuesto a someter sus actividades en el aconsejar a la supervisión y órdenes de la iglesia. Nadie ha de pensar que puede poner una placa en la puerta de su casa y ponerse a aconsejar aparte de la iglesia. Todo este aconsejar ha de ser hecho como parte de las actividades de la iglesia a que uno pertenece y bajo su autoridad.

Para animar a los miembros a aconsejar como parte

2. A menos que sea aconsejar entre los miembros de la propia familia. Incluso esto tiene importantes repercusiones en la vida de la iglesia.

de su vida congregacional, las iglesias deberían tener habitaciones disponibles en el edificio de la iglesia que pudieran ser usadas por los miembros como un lugar tranquilo y privado en que poder aconsejar. Las iglesias deben rechazar y disuadir formas impropias de aconsejar por parte de los miembros, pero deben hacer todos los esfuerzos para estructurar y estimular la práctica apropiada.

La actitud esencial, aparte del interés en el aconsejado (ya mencionado), es el interés en el honor de Cristo en su iglesia, ya mencionado en Gálatas 6:1: «el espíritu o actitud de mansedumbre».

Será mejor que en vez de dar una definición de diccionario de lo que es mansedumbre intente describírtelo. Una persona orgullosa, arrogante, engreída, inclinada a imponer su voluntad en otros, es lo opuesto de una persona mansa. Esta última, por contraste, es humilde, amable, dulce, pero no débil. Hay más poder en esta forma de comportarse que si ejerciera alguna fuerza externa; la fuerza se halla en su carácter y su personalidad. Tiene fuerza interior y no necesita poder externo. En la práctica es lo opuesto de la persona que diría al aconsejado: «Bueno, veo que otra vez te has metido en problemas»; o «bien, ya te lo dije». Seguramente es más probable que oigamos que dice: «Estoy aquí para ayudarte porque lo necesitas y porque Cristo me ha enviado, no porque crea que soy mejor que tú.» En realidad, su actitud se expresa de modo claro y pleno cuando dice: «Te ayudo hoy a ti, pero quién sabe si mañana tendrás que ayudarme tú a mí.»

Este espíritu o actitud de mansedumbre viene de tener en cuenta las propias deficiencias y pecaminosidad, y de recordar que toda sabiduría, conocimiento y capacidad que uno tenga son el resultado de la gracia de Dios. Esta actitud es, como dice Pablo claramente, el fruto del Espíritu cuando imprime estas verdades de su Palabra en nosotros (Gál. 5).

Cuando uno va a un hermano o hermana en el espíritu de mansedumbre a ofrecer consejo, no puede causar daño. Incluso cuando es rechazado —el rechazo es abrupto y violento—, la mansedumbre ganará la victoria. La respuesta recibida es inapropiada y no será provechosa, si bien se añadirá para ayudar a la convicción de pecado del aconsejado. Además, la verdadera mansedumbre no permitirá una respuesta agria y hostil por parte del consejero. Llevará, en cambio, a la «blanda respuesta que quita la ira» (Prov. 15:1). La falta de mansedumbre, por otra parte, puede ser ocasión de más fricción innecesaria que sólo va a complicar el problema original.

Pero esto no es todo; hay más que considerar. La mansedumbre, junto con los objetivos apropiados y la comprensión de los mismos, hará mucho para evitar todo peligro para el aconsejado. Naturalmente, el consejo que se da ha de ser bíblico y debe ser impartido con habilidad. Pero, como el resto del libro trata de estas cosas, voy a centrar mi atención sólo en el asunto de la advertencia de Pablo al consejero. La clave se halla en el darse cuenta de la posibilidad de ser presa de la misma tentación a la cual ha sucumbido el aconsejado, y la necesidad de precaución y, en algunos casos, de tomar medidas para precaver dificultades.

En Gálatas 6 Pablo señala con prudencia un fenómeno en el aconsejar bien conocido en otras áreas de la vida. Un hombre que se ahoga puede ser causa de que se ahogue el que va a rescatarlo, a menos que el que procura salvarle conozca esta posibilidad y adopte medidas apropiadas para evitarlo. Muchos consejeros, por ejemplo, han acabado envueltos sexualmente con las personas que trataban de ayudar, y cuyos problemas sexuales empezaron siendo el objeto sobre el que había que aconsejar. Este fenómeno explica la precaución con que Judas habla respecto al mostrar misericordia a otros: «con temor, aborreciendo aun la ropa contaminada por su carne» (v. 23). Uno debe despreciar y evitar el pecado que ha debilitado a un aconsejado como evitaría el pus que mana de una herida infectada y abierta. En todo lo que hace en el aconsejar debe tener cuidado extremo en mantener las condiciones tan rectas y limpias que él mismo no pase a ser víctima de la enfermedad pecaminosa. Un consejero prudente, pues, hará todo lo que sea legítimo bíblicamente para evitar y prever la propia infección. Si en el ejemplo dado antes hay la menor posibilidad de que un aconsejado pueda buscar implicaciones sexuales, aunque sea en fantasía, el consejero debe traer a un tercero que elimine esta posibilidad.

En general, pues, quiero estimular al miembro de iglesia a ser cuidadoso. Antes de etrar en una relación de aconsejar, hará bien en consultar la lista siguiente como comprobación:

1. ¿Siento algún espíritu de antagonismo, hostilidad o superioridad hacia el aconsejado? Si es así, pon en regla tu corazón ante Dios, con arrepentimiento, antes de seguir adelante.

2. ¿Cuáles son mis objetivos y motivos al entrar en la tarea de aconsejar? ¿Tengo una visión amplia de lo que voy a hacer, incluido el deseo de agradar y honrar a Dios e interés por el bienestar de la Iglesia de Cristo, así como el deseo de ayudar al aconsejado? Quizás este recordatorio mismo, considerado en oración, va a servir para aguzar tu perspectiva.

3. He considerado los peligros persona¿les en esta situación de aconsejar y me he rodeado de aislante contra ellos? ¿Hay algunas otras medidas de precaución que debería tomar antes de seguir adelante? Si es necesrio, aplaza el aconsejar hasta que lo hayas hecho.

¿QUÉ ES ACONSEJAR?

Capítulo 3

Hasta ahora me he referido al aconsejar como el proceso por el cual un cristiano restaura a otro a un lugar de utilidad para Cristo en su Iglesia. He dicho que el aconsejar cristiano es una actividad en la cual uno entra de modo primario como miembro de la iglesia, y que, por tanto, está sometido a la autoridad y órdenes de los ancianos de la iglesia. Estas afirmaciones son correctas hasta este punto, pero no dicen todo lo que hay que decir.

Hay una palabra griega del Nuevo Testamento para aconsejar (no hay sólo una) que va muy lejos y nos cuenta mucho respecto al aconsejar. Es una palabra comprensiva, que abarca la mayor parte de lo que se dice en otros puntos bajo términos adicionales. Ésta es una razón por la que es importante entenderla. Como no hay equivalente en nuestras lenguas, la diré en griego junto con su pleno significado.

La palabra es *noutesia*. Ésta es una palabra de la cual viene la palabra «noutético». Aconsejar noutético, pues, es simplemente otra designación para el aconsejar bíblico.

¿Qué significa la palabra *noutesia*? Contiene tres elementos: «cambio» por medio de «confrontación» a causa de «interés». Presupone:

> primero, que hay pautas y actividades pecaminosas en la vida del aconsejado que Dios quiere cambiar;
> segundo, que este cambio puede ser realizado por medio de una confrontación verbal del aconsejado con las Escrituras, cuando el consejero las administra en el poder del Espíritu Santo, y
> tercero, que esta confrontación se hace en una forma amorosa, interesada, familiar, para el beneficio del aconsejado.

Se puede ver fácilmente lo rico que es el concepto de *noutesia*. Consideremos ahora cada uno de estos elementos por separado para una mayor profundidad.

I. Cambio

Todo aconsejar tiene por objetivo un cambio. Sin este elemento, uno puede intentar hacer algo, pero, sea lo que sea, no es aconsejar. En la palabra «restaurar» —un término que hemos estudiado ya—, esta necesidad de cambio está claramente implicada: algo (alguien) que ha perdido su utilidad es cambiado (o restaurado) en algo (alguien) que ahora, como resultado, es útil para el propósito para el que fue hecho. Pero en el aconsejar, ¿qué es lo que hay que cambiar? Y ¿qué es lo que ocasiona el cambio?

En Gálatas 6:1 Pablo habla del cristiano que es «sorprendido en pecado». Esta situación ocasiona la necesidad del cambio. El cambio que consideramos en la restauración a la utilidad es un cambio en sus pautas de vida, en la cual las creencias, actitudes y conducta pecaminosas son remplazadas por otras rectas.

Todo aconsejar tiene que ver con cambios en creencias, juicios, valores, relaciones, comportamiento y otros elementos semejantes de la vida. El pecado en la vida humana lleva a la desfiguración de la vida en cada una de estas categorías. O sea, que el objeto del cambio en el aconsejar cristiano es, como resultado, el pensamiento y la acción pecaminosos.

Ahora bien, cuando digo que estamos interesados en cambiar pautas de pensamiento y actividad pecaminosas por otras rectas y justas no quiero que se me entienda mal. No digo que todas estas tribulaciones que pasamos sean debidas a nuestro propio pecado personal.[1]

Los casos de Job y del ciego de Juan 9 demuestran claramente la verdad que muchas aflicciones en un mundo pecaminoso vienen de orígenes aparte de nosotros; definitivamente, *no* siempre nos acarreamos sobre nosotros mismos las penas y desgracias que experimentamos. Pero, como en el caso de Job, el aconsejar puede también ser necesario a fin de enseñar a uno la forma como ha de responder a esta aflicción. Esta clase de aconsejar es aconsejar *preventivo*. La *noutesia* es un aconsejar *curativo*.[2] La *noutesia* se refiere a situaciones de las cuales uno se ha acarreado los problemas sobre sí mismo por su pecado, o en las cuales ha respondido de modo pecaminoso a las presiones o problemas que no había causado él mismo. Es sobre *noutesia* que Pablo escribió en Gál. 6:1, aunque en este lugar no usó la palabra (entre los pocos lugares en que se usa el término, están Rom. 15:14; Col. 1:28; 3:16; Hch. 20:31). El aconsejar de los miembros debe ser preventivo y también curativo. Pero en este libro nos limitaremos casi exclusivamente al aconsejar noutético o curativo. La

1. En último término, naturalmente, todos los problemas del mundo son causados por el pecado de Adán.
2. Por desgracia, los consejeros de Job intentaron hacer aconsejar curativo y por ello fallaron en ayudar en la necesidad de Job, que era de aconsejar preventivo.

persona que necesita *noutesia,* en una forma u otra, ha estado pensando y obrando pecaminosamente. El aconsejar noutético tiene por objetivo cambiar las dos cosas por medio de la confrontación.

II. *La confrontación*

La confrontación implica el contacto personal, verbal, cara a cara, que es el medio usado para efectuar este cambio. Además, es una confrontación de un aconsejado por un consejero con los principios bíblicos que se aplican a esta situación. No hay idea de aspereza o desafío implicado en el concepto de *confrontación.* El aconsejar noutético es más bien en todos sus aspectos como un diálogo de ayuda en que el consejero está a cargo y el tema de la consulta o diálogo es la necesidad de un cambio en la vida del aconsejado. En realidad, la palabra es un término cálido, usado por los padres para tratar a los hijos y los hermanos a los otros hermanos, por interés y afecto.

III. *Interés y afecto*

Este elemento siempre debe estar presente. De otro modo la confrontación será estéril, áspera, fría, sin vida y profesional. El interés por otro, el deseo ardiente y el esfuerzo incansable de aliviar la miseria que las pautas de vida pecaminosas han infligido sobre el otro, son las marcas del aconsejar noutético, bíblico.

El aconsejar de este tipo usa para efectuar los cambios el ministerio de la palabra. Al administrar las Escrituras, uno interpreta y aplica los preceptos y prácticas de las Escrituras a otro con el intento de ayudarle a que tengan lugar en él los cambios que le aliviarán de su miseria y malestar. Este ministerio es realizado juntamente con oración; es el Espíritu Santo el que usa su Palabra para iluminar la mente del que la recibe, de modo que quede redargüido de su pecado y sea dirigido hacia el cambio que Dios requiere. También se pide sabiduría para ministrarla bien, y fuerza para que el aconsejado la obedezca.

El objetivo de todo el aconsejar cristiano es el cambio escritural que lleva a la restauración y a la utilidad. Implicado en esto hay un cambio hacia el amor. Toda la Biblia fue escrita —dijo Jesús—, para hacer posible al hombre que ame a Dios y a su prójimo. A todo aconsejar le corresponde el establecer, restablecer o corroborar las relaciones de amor en una forma u otra.

La Biblia es el libro que Dios proveyó para guiarnos en el aconsejar, y en ella hay lo que necesitamos para realizar todo cambio requerido para vivir una vida agradable a Dios. Contiene todas las cosas necesarias para la vida y la piedad. Escuchad lo que dice Pablo en 2.ª Timoteo 3:16, 17:

«Toda Escritura es inspirada por Dios, y útil para enseñar, para redargüir, para corregir, para instruir en justicia, a fin de que el hombre de Dios sea enteramente apto, bien pertrechado para toda buena obra.»

Según estos dos versículos, no sólo es la Biblia la que nos hace sabios para salvación (justificación), sino que también pasa a ser la fuente de todo cambio en el creyente (santificación). La Biblia fue producida por el Espíritu Santo a fin de proporcionar la misma clase de cambio que buscamos en el aconsejar. Cuando es usada apropiadamente realiza cuatro cosas:

1. ENSEÑAR

La Biblia establece el estándar de la fe y la vida (lo que hemos de creer y hacer). Enseña, por medio de preceptos (p. ej., los diez mandamientos y el ejemplo, esto es, la vida de Cristo), cómo ha de vivir el hombre a fin de agradar a Dios.

2. REDARGÜIR

Pero cuando comparamos nuestras vidas con el estándar bíblico, reconocemos que nos quedamos muy cortos del amor a Dios y al prójimo, y somos redargüidos de nuestro pecado. Todo cambio auténtico en la vida pecaminosa tiene lugar a nivel profundo por medio de la convicción. Donde no hay convicción de pecado, no hay cambio aceptable bíblicamente.

3. CORREGIR

La confesión (admisión) de pecado y el procurar el perdón paternal de Dios es el próximo paso en el cambio bíblico. Este arrepentimiento, o cambio de actitud en la mente, lleva a un cambio en la conducta.

4. INSTRUIR EN JUSTICIA

No basta con saber lo que Dios requiere, aun saber que nos quedamos cortos de estos requerimientos, y cómo salir del pecado y la miseria en que hemos caído; hemos de saber también cómo evitar estos pecados y quedar libres de ellos en el futuro. Esto lleva a una «instrucción en la justicia». El aconsejado tiene que ser rehabituado según las pautas alternativas que hallamos en la Biblia; esto viene por medio de un «ejercitarse para la piedad» (1.ª Tim. 4:7). Hemos de «despojarnos» de los viejos modos de obrar y «vestirnos» de otros nuevos. En ninguna otra forma podemos hacer progreso en la vida cristiana y aprender a evitar los mismos pecados en el futuro.

Estos cuatro pasos que el Espíritu Santo realiza sólo por medio de la Biblia son suficientes. En realidad, comprenden el plan para cambios más completo que existe. La Biblia tiene todo lo que necesitamos para llegar a los cambios apropiados. Pablo nos asegura que sólo la Biblia puede hacer al consejero «adecuado» (v. 17). Nunca carece de nada si depende de la Biblia. Podemos decirlo de otra forma: insiste en que la Biblia por sí misma le «equipara de modo pleno» para la tarea de cambiar vidas. Y para dejar seguro que nadie piense que pueda haber un caso en que esto no sea válido, añade: «para toda buena obra».

Para poder aconsejar de modo efectivo, el consejero lego ha de pasar mucho tiempo estudiando las Escrituras cuidadosamente, de modo que pueda administrar la Palabra con precisión y seguridad. El estudio del aconsejar apropiado, como el del hombre mismo, es la Biblia.

Capítulo 4

PREPARADOS PARA RESTAURAR

Hemos venido hablando del requerimiento bíblico de que todo cristiano tiene que aconsejar. Pero este requerimiento da lugar a varias preguntas, una de las cuales es: Dadas las deficiencias de muchos cristianos, tanto en sus conocimientos como en su vida, ¿cómo pueden estas personas aconsejar cuando son ellos, probablemente, los que necesitan ser aconsejados? Es verdad que en muchas iglesias la disciplina tanto de la doctrina como de la vida es muy laxa o no existe.[1] Como resultado, si bien el número y los recursos financieros aumentan, la calidad de la vida del pueblo de Dios se ha deteriorado. Hay, naturalmente, excepciones de nota. Pero allí donde existe este problema, ¿qué hay que hacer?

Primero, has de reconocer que la Iglesia primitiva en tiempos del Nuevo Testamento no era perfecta tampoco. Algunas veces idealizamos el período apostólico.

---

1. Ésta es una de las causas principales de dificultades en las vidas humanas. Si disciplináramos debidamente, el número de problemas que hay que aconsejar en nuestras iglesias, quedaría reducido en forma importante, y serían tratados a su comienzo, cuando no son tan serios.

Hubo gran número de problemas en la iglesia de Galacia. Un estudio de 1.ª y 2.ª Corintios hace desvanecer toda idea de condiciones ideales. Pero los apóstoles hacían uso de la disciplina, y la persecución pronto diezmó las filas, eliminando a muchos que no eran cristianos en serio. Hoy no hay ninguna de estas fuerzas purificadoras en obra en nuestras iglesias modernas norteamericanas y en muchos otros países. Por tanto, ¿qué podemos hacer?

Para empezar, hemos de comprender que no sólo son las personas perfectas las que están calificadas para aconsejar; si fuera así, no habría nadie que pudiera hacerlo. Es evidente que, en ocasiones distintas, uno puede ser aconsejado y, más tarde, un consejero. Las categorías no pueden ser fijadas. Y recordemos que la *meta* es restaurar a todo cristiano aconsejado a la utilidad, una parte importante de la cual es la capacidad de aconsejar a otros o, por lo menos, que *debería* hacerlo si estuviera preparado.

Algunos creen que un cristiano debe vivir cerca del nivel de la perfección para poder ayudar a otro. Es indudable que esto limitaría severamente el número de consejeros potenciales en la comunidad cristiana. No hay garantía bíblica para trazar líneas de este tipo. Así pues, ¿cuál es el principio por el cual podemos señalar a los que deben aconsejar, de los demás? Es el mismo principio por el cual hay que decidir quién *necesita* ser aconsejado. De nuevo, Gálatas 6:1, de donde ya hemos sacado tanto antes, nos proporciona la respuesta: *todos* los que tienen el Espíritu (es decir, todas las personas regeneradas), que en aquel momento no están en necesidad de ser ellas mismas restauradas, deberían estar preparadas para aconsejar a otro a quien Dios providencialmente pone en su camino. Si no están preparadas, o no son capaces, o no están dispuestas a hacerlo, puede que necesiten estímulo, instrucción, reprimenda, consejo o una combinación de lo dicho. Es decir, si uno no es potencialmente un aconsejado, es un consejero potencial. Si al presente tiene utilidad en la Iglesia de Cristo, de modo fundamental, está en posición de ayudar a otros.

Pero ¿qué pasa si resulta que al presente no estás recibiendo consejo, pero que con toda probabilidad deberías recibirlo?, ¿qué debes hacer? Pedirlo. Sugiero que pidas a tu pastor que te dé hora inmediatamente, o vayas a un hermano o hermana cristianos en cuyo juicio confíes. Explícale tu situación; pregúntale cómo puedes ser restaurado a la utilidad. Hay muy pocas personas que no recibirían con mucho gozo tu petición. Todo verdadero pastor de Cristo ha de estar dispuesto y ansioso de ayudarte si manifiestas este deseo.

Es posible que el obrero cristiano o el pastor no puedan ayudarte. ¿Qué hay que hacer entonces? Pídele que te envíe a otro pastor. Y sería bueno que él te acompañara cuando vayas, de modo que él aprenda a resolver este problema en el futuro. Tú también deberías tomar nota de lo que se hace para futuras referencias (cuando, habiendo sido restaurado, tendrás que pensar en dar consejos tú también).

Es posible que este libro haya caído en las manos de un cristiano que sea miembro de una iglesia modernista, cuyo pastor no cree mucho en la Biblia. No puedes esperar recibir consejo bíblico de él. Busca, en su lugar, a un consejero que crea en la Biblia, de carácter conservador, que sea capaz de dirigirte a las Escrituras. Y, de paso, habla con él también en el sentido de cambiar tu membresía de la iglesia.

Es triste, sin embargo, que no sólo sean los pastores modernistas los que dan consejos no escriturales estos días. Algunos, que predican la Biblia en sus púlpitos, cambian el tono cuando entran en el despacho para aconsejar. Es posible que en el seminario les hayan enseñado a aconsejar psicológicamente (esto es, según la sabiduría y los métodos mundanos, más bien que escrituralmente). Mezclan los dos. Tienes que estar alerta; no todos los consejeros cristianos aconsejan de modo cristiano. Hay muchos cristianos que son consejeros; su fe personal es genuinamente cristiana, pero su aconsejar no lo es. Si te encuentras en una sesión de esta clase, da gracias al consejero por su interés, pero luego, de forma amable, pídele que te dé consejo *cristiano, de la Biblia.* Pídele: «¿Qué es lo que *Dios* quiere que yo haga?» Si el consejero persiste en sustituir la verdad bíblica por sabiduría del mundo, o mezcla las dos, o no sabe cómo aconsejar bíblicamente, pídele que te recomiende a un pastor que te dé consejo bíblico, si no sabes ya a quién has de consultar. De nuevo, si él está dispuesto, sugiérele que te acompañe.[2] En todo esto ten cuidado en mantener un espíritu de amor y mansedumbre.

Pero supongamos que, aunque no eres en modo alguno perfecto, en el momento presente no crees que necesites consejos, por lo menos de modo extenso (podrías usar alguna instrucción, ánimo, etc.); según nuestra definición, esto significa que deberías estar preparado para restaurar a otros. Con todo, te sientes nervioso e incómodo ante la idea de hacerlo. ¿Cómo puedes vencer estos sentimientos de aprensión, temor o nerviosismo?

Déjame que te sugiera que ya has dado los primeros pasos para hacerlo. Al adquirir y leer este libro, ya has dado el primer paso hacia la solución o alivio de tus aprensiones. Además, no sólo es la novedad e inexperiencia lo que causa problemas, sino la falta de conocimiento, y especialmente el no saber cómo hacerlo, lo que añade a la aprensión. El estudio que has emprendido debería serte muy útil para disipar estos temores.

Pero es de gran importancia reconocer que los cris-

2. Hay una lista de personas entrenadas en el aconsejar bíblico, que está a disposición, en la «Christian Couseling and Educational Foundation», 1790 E. Willow Grove Ave., Laverock, PA., 19118; teléfono: (215) 884-7676.

tianos no aconsejan solos; el saber esto es del todo indispensable. Un cristiano no ha de depender de sus propios recursos. Puede depender de la ayuda prometida del Espíritu Santo, el «otro consejero, como Cristo», que fue enviado para que estuviera a *nuestro lado*. Él, no sólo nos aconseja, sino que nos ayuda a aconsejar a otros:

> «Y yo rogaré al Padre, y os dará otro Consolador, para que esté con vosotros para siempre: el Espíritu de la verdad, al cual el mundo no puede recibir, porque no le ve, ni le conoce; pero vosotros le conocéis porque mora con vosotros y estará en vosotros» (Jn. 14:16, 17).

Es por esto que Pablo indica en Gálatas 6:1 que todos los verdaderos cristianos (los que «tienen el Espíritu») de modo fundamental poseen el potencial para practicar el aconsejar cristiano. El Espíritu Santo es el «Espíritu de consejo» (Is. 11:2), porque es de Él que fluye toda la sabiduría y toda la capacidad de practicar el aconsejar escritural. En otras palabras, si eres un cristiano genuino, un cristiano en que reside el Espíritu Santo de consejo, ya tienes todos los recursos básicos para poder aconsejar en sentido cristiano.

Digo «recursos básicos» porque no quiero que saques ninguna impresión *falsa* de las palabras anteriores. No hay nada *automático* respecto a la manera de conseguir la capacidad para aconsejar; no es meramente la presencia del Espíritu Santo la que te hace un consejero. Su presencia en el consejero es absolutamente esencial para todo aconsejar que sea agradable a Dios, y es esta presencia sólo la que hace que sea posible el aconsejar bíblico. Pero la posibilidad o potencial básico para el aconsejar cristiano no es lo mismo que la realización del mismo. Para ser un consejero efectivo, preparado y capaz de restaurar a otros, tiene que haber obediencia y voluntad en la oración, unido con un estudio diligente de las Escrituras, un amor a Cristo y su Iglesia a través del cual opere el Espíritu Santo. El Espíritu Santo no va a caer sobre ti un jueves a las 3 de la madrugada, de modo que te despiertes por la mañana con una capacidad nueva, flamante, para aconsejar. Nos hace consejeros experimentados cuando aprendemos de su Palabra y la seguimos obedientemente, por amor a Dios y a nuestro prójimo. En general, esta obediencia tiene que empezar mucho tiempo antes que la aprensión y el temor desaparezcan; tienes que empezar a aconsejar porque Dios lo dice, no porque tú (finalmente) tengas deseos de hacerlo. Muchas veces tienes que aconsejar sin que sientas deseos de hacerlo, a pesar de tus temores y aprensiones. Según Santiago 1:25, no debes esperar a que tus sentimientos estén en forma (si lo haces, es posible que nunca empieces, y los sentimientos adversos probablemente van a aumentar, no a disminuir), pero cuando obedezcas serás bendecido «al hacerlo) (*cfr*. Luc. 17:14).

En último término, cuando todo lo demás ha sido eliminado, todo lo que impide a un cristiano llegar a ser un restaurador eficiente de sus hermanos es falta de amor. El amor es lo único que es bastante fuerte para echar el temor (1.ª Jn. 4:18). El temor, aparte del amor, puede ser una potente inhibición para que no se haga la voluntad de Dios. Fundido por el calor del amor de Dios, no puede causar daño. Cuando dices: «Haré lo que agrada a Dios, tanto si me turba como si me pone en una situación difícil el hacerlo», esto es amor en acción, que vence al temor.

Pero preguntas: «Puedo poner a un lado el problema de las consecuencias para mí, mas ¿qué pasa con las consecuencias para mi hermana o hermano a quien aconsejo?; supongamos que mi consejo les causa más daño que beneficio.» Si siempre eres cuidadoso en aconsejar sólo las cosas que estás absolutamente cierto que son escriturales; si quieres orar con fervor sobre tu esfuerzo, pidiendo a Dios que haga de ello su empresa también; si reconoces tu falta de conocimiento cuando no tienes las respuestas, y si esto lo haces en espíritu (actitud) de mansedumbre, no puedes causar ningún daño a la otra persona; no puedes equivocarte. Pero éstos son cuatro *sis* que son cruciales; léelos otra vez cuidadosamente y piensa a fondo en las implicaciones.

Nunca trates de adivinar. Nunca quieras alardear. Di la verdad, aun cuando duela. Admítelo si no sabes qué decir. Pide a tu aconsejado que ore a Dios que te ayude a hallar la respuesta la próxima semana. Busca a conciencia, en oración. Si no puedes descubrir la respuesta, llama a un cristiano con más experiencia, o a tu pastor, pidiendo ayuda. Cuando obres de esta manera, Dios va a bendecir tus esfuerzos, haciéndolos suyos, y vas a quedarte sorprendido al ver lo mucho que creces y lo mucho que aprendes. Pero nada de esto va a ocurrir, a menos que empieces. No empieces porque crees que finalmente ya sabes bastante, o porque te sientes bien sobre ello; empieza ¡porque Dios te lo dice!

Recuerda: tu tarea en el aconsejar bíblico es administrar la Palabra de Dios, nada más. Pero cuando lo haces no estás solo; Dios trabaja por medio de ella. Nunca vas por tu cuenta. Todo cambio vital que ocurra en uno que es restaurado mediante tu ministerio ocurre realmente porque el Espíritu moldea al aconsejado por medio de su Palabra. Tu función de aconsejar es analizar el problema a la luz de la Palabra de Dios, trazar una solución de la Palabra y hallar medios y caminos para hacerlo de modo que en todo momento surjan y estén en conformidad con las Escrituras.

«Esto ya es algo de ayuda —dices—, pero hay cualidades en particular que pueda desarrollar y que puedan prepararme para hacer mi parte?» Claro que sí. Ya hemos hablado de la cualidad esencial de un espíritu de mansedumbre, de modo que no tengo que repetirlo. Voy a enumerar tres más que ocurren en íntima relación con el aconsejar en la Biblia:

1. Bondad (Rom. 15:14).
2. Conocimiento de la Palabra (Rom. 15:14; Col. 3:16).
3. Sabiduría (Col. 3:16).

La *bondad*, mencionada en Romanos 15:14, significa no tanto la calidad de la vida que vives (aunque está incluida), sino más bien una actitud buena en el corazón de interés y afecto por los demás. Es un deseo de ayudar y dar la mano a los otros en su necesidad; una buena voluntad hacia otros que te impulsa, sin interés egocéntrico, hacia ellos. Quizás esto se manifiesta bien en los que hacen caso de las palabras de Pablo en Filipenses 2:3, 4:

> «Nada hagáis por rivalidad o por vanagloria; antes bien en humildad, estimando cada uno a los demás como superiores a sí mismo; no poniendo la mira cada uno en lo suyo propio, sino cada cual también en lo de los otros.»

Esta cualidad debe ser cultivada; no viene de modo natural. Uno tiene que empezar a hacerlo poniendo en realidad primero a los demás, cuidando sus intereses antes que los propios, etc., tal como indica Pablo. La bondad no aparece súbitamente por sí sola.

El *conocimiento* (Rom. 15:14). Se trata del conocimiento de la «Palabra de Cristo» (Col. 3:16). Viene por medio del estudio de la Palabra. Como el aconsejar es un ministerio de la Palabra, y como el Espíritu Santo cambia a las personas por medio de la Palabra, es esencial un conocimiento siempre creciente de la Palabra. El consejero efectivo es aquel que tiene una posesión personal rica de conocimiento bíblico. Con todo, uno no debe esperar hasta que piensa que lo conoce todo, antes de empezar a aconsejar. Estudia y aconseja al mismo tiempo. El uno ayuda al otro. El aconsejar con frecuencia es un incentivo, y orienta hacia el estudio, tal como éste proporciona los datos y la información que ha de usarse en el aconsejar.

Y primero uno ha de estudiar con miras a usar lo que ha aprendido en su propia vida. Ésta es una forma importante de aprender a aconsejar a otros (ver 2.ª Cor. 1:6, 7). Hay mucho en este libro sobre aconsejar; a medida que lo estudies, empieza a usarlo primero en tu propia vida. Nada, que yo sepa, te preparará mejor para restaurar a otros. Todo lo cual lleva a la tercera cualidad.

La *sabiduría*. La sabiduría viene de la «Palabra de Cristo» habitando en vosotros ricamente (Col. 3:16). La sabiduría es *conocimiento en la vida*. No es suficiente que tú, y tu aconsejado, conozcáis meramente *lo que Dios dice*; debéis aprender cómo encarnar y dar forma a la verdad y la creencia en la vida de cada día. Cuanto más capaz es uno en el uso y, especialmente, en el poner en práctica la verdad bíblica en el vivir de cada día, más apto será también para ayudar a otros a hacerlo. Así que tu tarea es llegar a ser lo que debes ser; éste es el factor más esencial en la vida de uno que quiere estar preparado para restaurar a otros.

Capítulo 5

¿QUÉ DIREMOS SOBRE LOS QUE NO SON CREYENTES?

«Hasta ahora he hablado de aconsejar a los creyentes. Me he referido al aconsejar como santificación, hablando de ello como un proceso en el cual los cristianos se quitan sus pautas pecaminosas y se ponen otras justas y rectas, etc. Pero ¿qué se puede decir de los no creyentes? ¿Cómo se les aconseja, si es que se puede *hacer*?»

No, no debes intentar aconsejar a los que no son creyentes, porque no puedes. Si nuestro deseo al aconsejar es efectuar un cambio que agrade a Dios, entonces es del todo imposible aconsejar a los no creyentes.

Los que no son creyentes no tienen deseo de servir a Cristo como su Señor (1.ª Cor. 12:3*b*); no tienen la capacidad de entender las Escrituras (1.ª Cor. 2) y no tienen poder para hacer la voluntad de Dios (Rom. 5: 6). En vez de ello, tienen un corazón de piedra que no puede ser tocado ni moldeado hasta que el Espíritu lo transforma en uno de carne (Ez. 11:19). A menos que el Espíritu regenerador de Dios sea derramado en su corazón y lo transforme, el no creyente no puede amar a Dios o a su prójimo (Rom. 5:5), o seguir ninguno de los mandamientos de Dios (Ez. 11:20). Queda claro, pues, que como los problemas proceden del corazón pecaminoso (Mat. 15:19, 20), el corazón no convertido se interpone ante todo verdadero aconsejar como un factor formidable por el que no se puede pasar por encima.

En la Biblia, el corazón no es el lugar de las emociones o sentimientos, como lo enseña nuestra cultura hoy día. Al contrario, en el modo de ver de la Biblia, uno piensa con el corazón, habla a sí mismo en su corazón, hace planes en el corazón, razona, etc. En realidad, la Biblia *identifica* el corazón con los procesos intelectuales más bien que ponerlos aparte del corazón y contra él, como nosotros hacemos en nuestra frase: «Necesitamos más conocimiento del corazón y menos conocimiento de la cabeza.» En la Escritura, el corazón y la cabeza nunca están en oposición de esta forma. Las vísceras son identificadas con las emociones en la Biblia, y son los labios, la boca, las manos y la experiencia exterior que es contrastada con el corazón. El concepto bíblico del corazón, pues, es la idea de la vida interior que uno vive delante de Dios y de sí mismo.

Es del corazón que surgen todos los problemas de que tratamos al aconsejar. En consecuencia, no sirve para nada el intentar hacer cambiar a un no creyente, a menos que se empiece cambiándole el corazón. El hacer cambios de otra clase es producir sólo un cambio externo.

El aconsejar que se intenta con uno que no es creyente, por tanto, acaba sirviendo a fines equivocados, que son:

1. Una mera conformidad externa a la Biblia (hipocresía). Nunca hemos de fomentar la hipocresía.
2. Desorientar al aconsejado no creyente y hacerle creer que ha hecho lo que agrada a Dios, cuando en realidad no lo ha hecho.

3. Dar una falsa seguridad al no creyente.
4. Preparar al no creyente para otra caída; el cambio externo no va a resolver sus problemas.
5. Dar una idea falsa de lo que Dios tiene para ofrecer, al sustituir la transformación espiritual por una reforma humana.

¿Qué puede hacerse, pues, para el no creyente? No puede ser aconsejado en ningún sentido cristiano de la palabra, porque el aconsejar bíblico implica un cambio del corazón que lleva a un cambio de vida, por medio del cual el Espíritu Santo hace a la persona regenerada, en alguna forma, más como Cristo. ¿Qué puede hacerse, pues? El que no es creyente debe recibir *preconsejo* o «consejo previo». «¿Consejo previo? ¿Qué es esto?»

El consejo previo es una frase que podemos usar con el que no es creyente. Entre los cristianos, consejo previo es lo que llamamos evangelismo.

Consejo previo es la tarea de presentar a Cristo a los no creyentes no sólo como la entrada a la vida eterna, sino como la manera de llegar a soluciones en su problemas en la vida.

Así que, al dar consejo previo a los no creyentes, el consejero cristiano debe dejar bien claro, desde el principio, que no ha empezado todavía el aconsejar, y que bajo las circunstancias presentes no es posible hacerlo. Toda confusión posible sobre este asunto debe quedar disipada y aclarada a los ojos del no creyente. Hay que decirle ta npronto como sea apropiado que el consejo previo debe preceder al aconsejar, y que el aconsejar va a seguir al consejo previo, si éste produce fruto. Un uso de la locución «consejo previo» será el ayudar a distinguirlo del aconsejar en la mente del no creyente. Cuando se discute esto, hay que hablarle de su pecado y de su necesidad de un Salvador. Hay que presentarle el Evangelio. Durante esta discusión, en algún punto, será útil decirle algo parecido a lo siguiente:

«¿Ves? Dios tiene respuestas a todos tus problemas, y tendré mucho gusto en hablar de ellos tan pronto como sea posible hacerlo. Pero estas respuestas se hallan todas al otro lado de una pared que te separa de ellos. No puedes hacer uso de ellos hasta que hayas pasado la puerta de esta pared. Esta puerta, naturalmente, es Aquel sobre el cual te he hablado: Jesucristo.»

Pero cuando dices estas cosas en un contexto de consejo previo/aconsejar, hay que hacerlo de tal forma que el no creyente sea llevado a un arrepentimiento y fe en Cristo genuinos; hay que tener especial cuidado en evitar que no dé un mero asentimiento verbal como un truco para obtener algún fin personal.

Cuando, después del consejo previo adecuado, un no creyente rehúsa poner su confianza en Cristo como su Salvador, ¿qué se puede hacer? Yo siempre uso un texto de la Escritura, breve y al punto, al final de la sesión de aconsejar, repitiéndolo tantas veces como me es posible (unas 15 a 25 veces, por lo menos). Este pasaje es Proverbios 13:15b: «El camino de los transgresores es difícil de recorrer.» Lo que les digo es por el estilo: «Así que cuando usted se marcha sin Cristo descubre pronto que el camino de los transgresores es difícil de recorrer... Y cuando descubre que el camino de los transgresores es difícil, entonces...»

El propósito con que hago toda esta repetición es que el versículo se quede pegado como un aguijón, para que continúe trabajándole mientras se encamina cabalgando hacia el ocaso. He tenido personas que han vuelto después y me han dicho: «He descubierto que el camino de los transgresores es difícil de recorrer.»

Así que, recuerda, ni tan sólo trates de dar consejo a uno que no es creyente. Si lo intentas, sólo vas a desorientarle y darle una idea falsa de Dios que le pueda perjudicar más que ayudar.

Pero ¿quién es un no creyente?

Debido a la falta de disciplina de iglesia, hoy es difícil dar una respuesta satisfactoria a esta pregunta. Por tanto, permítaseme dar algunas normas para hacer una decisión en el contexto del aconsejar.

En general, podemos decir que no es un creyente la persona que nunca ha sido regenerada por el Espíritu Santo y que, por tanto, nunca ha puesto su fe en el Señor Jesucristo para su salvación. No es creyente aquel que no cree el Evangelio.

Esto es claro, pero esto no nos ayuda mucho cuando se trata de decidir en los casos en que hay duda, así que procuremos presentar algunos principios para hacer una decisión. Empezaremos con tres:

1. No podemos hacer un *juicio final* sobre el estado real de otro que profesa fe en Cristo. «El hombre mira la apariencia externa»; sólo Dios tiene la capacidad de «mirar al corazón» y hacer estos juicios finales.
2. Todos nuestros juicios sobre estas personas son, pues, *juicios funcionales*. Esto es, hacemos un juicio sobre la forma en que hemos de establecer contacto con estas personas y cómo hemos de funcionar en esta relación. Como hemos visto, este juicio es importante para decidir si hemos de aconsejar o dar consejo previo. Esta idea del juicio *funcional* surge claramente de Mateo 18:17: «sea para ti como el gentil y el publicano» (es decir, exactamente como tratarías a un no creyente). No declaramos que es un pagano, puesto que no conocemos su corazón. Puede que sea un cristiano muy desobediente. Pero debido a que en aquel momento no da evidencia de buena voluntad a someterse a la autoridad de Cristo en las Escrituras, hemos de relacionarnos con él como si fuera un pagano.

3. Si una persona que no profesa fe en Cristo es un miembro de una religión falsa o se declara a sí mismo ateo o agnóstico, entonces, a base de su propia palabra y de la lealtad que profesa, podemos estar de acuerdo con él en decir que no es un cristiano.

Hasta aquí todo va bien. Pero ¿qué diremos de los que son miembros de iglesias que creen la Biblia, pero cuyas vidas muestran poca evidencia de la salvación? No tenemos derecho a considerarles como no creyentes hasta que ellos o la iglesia declaren que podemos hacerlo. No debe haber juicios personales en este caso. Aquí están las normas para resolver el problema:

1. Después que ha fallado la disciplina de iglesia (Mat. 18:15-17), en la cual la persona ha demostrado que rechaza la autoridad de Cristo en todos los niveles, tienes que hacer un juicio funcional: «Le trataré en cuanto al aconsejar "como a un pagano".» Tienes que hacerlo, por más que él no esté de acuerdo y que proteste por ello.
2. Si una persona dice ser cristiano, pero rehúsa someterse al cuidado y la disciplina de la Iglesia de Cristo, al permanecer fuera de la iglesia visible, tiene que ser tratada por el consejero, a pesar de todo, «como un pagano».
3. Si una persona renuncia a la autoridad de Cristo por abandonar la iglesia (1.ª Juan 2:19) puede ser tratada «como un pagano».

El hilo que ensarta todos estos casos es el principio de la sumisión a la autoridad de Cristo en las Escrituras; todo depende de ello.

Capítulo 6

EL PROCESO DEL ACONSEJAR

Ya he dicho unas pocas cosas sobre dos aspectos del proceso del aconsejar. He discutido los cuatro pasos bíblicos para el cambio y he aludido a la dinámica del quitarse/ponerse para alterar las pautas habituales. Pero más allá de esto no se ha dicho mucho.

Consideremos. algunas de las cosas que pueden ocurrir en el curso de un caso típico de aconsejar a un matrimonio, que dura unas 8 a 10 semanas, y qué clase de relaciones personales pueden ocurrir en esta actividad.

Para empezar, los dos cónyuges han de venir *juntos* para ser aconsejados. No tiene ningún sentido darles horas separadas a cada uno. No sólo las citas separadas llevan a recoger datos más parciales y deficientes, y aun falsos, sino que como el otro no está presente para rectificar y amplificar lo que su cónyuge dice (en conformidad con Prov. 18:17), se da ocasión para que se creen sospechas innecesarias y se propicia una situación que tiende a tentar al que está presente a hablar mal del otro cuando éste no lo oye, lo cual está prohibido por las Escrituras. Además, la dinámica real de la comunicación entre ellos puede ser puesta en juego más fácilmente en una sesión conjunta, y la comunicación y compromisos bíblicos genuinos se pueden empezar mejor en la estructura de la sesión de aconsejar.

De modo típico, los dos han de venir la primera semana media hora antes del tiempo señalado para la sesión. Tardarán unos 20 a 30 minutos en llenar las hojas del Inventario de Datos Personales. Estas hojas han de ser repasadas por el consejero antes de admitir a los aconsejados al despacho.[1] Esto llevará unos 5 a 7 minutos. Al repasarlo con una pluma o lápiz rojo, se marcan los detalles que se quieren discutir en la sesión que va a seguir. El repaso preliminar dará algunas ideas tentativas sobre los aconsejados y sus problemas, ideas que el consejero querrá explorar mejor en la sesión. La hoja da lugar a que hagan preguntas que quieran formular entonces o más adelante.

Cuando los aconsejados entran en el despacho se les saluda, se sientan y se hace con amabilidad un par de comentarios breves. Pero pronto se va al trabajo. Se comienza con la hoja del I.DP. (a menos que los aconsejados digan algo o proporcionen un modo de empezar que sea mejor, no pasar por alto). El consejero se hace cargo en el espíritu de Proverbios 18:15. Sabe adónde va; lo que necesita es avanzar adelante.

Empezando por alguno de los datos escritos en el I.D.P. que no vea claro, si hay alguno, o por algunos hechos mencionados que necesiten amplificación, el consejero hace preguntas directas para descubrir lo que es necesario saber. Aquí van algunos ejemplos típicos:

1. «Veo aquí que ha sido arrestado. ¿Puede decirme algo sobre esto?»
2. «Usted dice que ha tomado tranquilizantes; dígame, ¿qué tranquilizantes tomó, y qué efecto le hicieron?»
3. «Usted dice aquí que ha tenido varios trastornos

1. El uso del Inventario de Datos Personales se explica en el *Manual*.

emocionales serios. ¿Puede describirme un par de ellos?»

Habiéndose informado a satisfacción de este tipo de cosas, el consejero se dirige a las respuestas de los aconsejados a la primera de las tres preguntas básicas que se hacen al final de la hoja del I.D.P. «¿En qué consiste el problema que tiene?» (Sin embargo, si las preguntas anteriores a esto llevan a algunos datos de importancia, puede preferir aplazar esta pregunta a fin de seguir la discusión previa hasta el final.)

La respuesta a la pregunta «¿En qué consiste el problema que tiene?», dada por cada uno de los aconsejados, es importante. El consejero lo leerá en alta voz, de modo que cada uno sepa lo que el otro ha escrito. Luego hará comparaciones y hará notar en qué difieren las dos respuestas. A esto sigue una discusión más a fondo, en cuanto sea posible, de los distintos puntos de vista, con preguntas apropiadas, dirigidas a explorar la situación en cuanto se pueda.

Si el consejero ha notado algo en el I.D.P. o en el modo de hablar de los aconsejados que indique una falta de esperanzas, suele ser preferible aplazar la recogida de datos y, en vez de ello, trabajar para crear esta esperanza. En estos casos, la asignación para casa puede ser planeada de modo que se obtengan los datos que no se pudieron obtener en el interrogatorio durante la sesión.

De modo fundamental, se crea esperanza señalando a los aconsejados ciertas promesas de Dios en las Escrituras. En Romanos 15:13 la Biblia designa a Dios como «el Dios de la esperanza», y Pablo ruega a Dios que llene a los cristianos de Roma de «toda abundancia de esperanza por medio del poder del Espíritu Santo». Pero esta esperanza que viene de Dios, que es su fuente, no viene de las nubes. Como antes hace notar Pablo en Romanos 15:4:

«... las cosas que se escribieron en el pasado, para nuestra enseñanza se escribieron, a fin de que por medio de la paciencia y de la consolación de las Escrituras, tengamos esperanza.»

Es por medio de las Escrituras, pues, en una forma u otra, que es generada esta esperanza en las vidas de los aconsejados.

La palabra bíblica «esperanza», como queda claro por su uso en Tito 2:13, no es una esperanza de tipo incierto. No hay en ella la incertidumbre que nosotros añadimos a la palabra. El entender las palabras la «bienaventurada esperanza» como una esperanza del tipo «quizás» es totalmente inaceptable. La bendita esperanza es una certeza hacia la que los cristianos miran con confiada expectativa. *Sabemos* que Cristo va a regresar como «gran Dios y Salvador»; no hay duda de ello, porque Dios lo ha dicho así en su Palabra infalible. Por tanto, la bienaventurada esperanza es la «anticipación gozosa» o la «feliz expectativa». En la Biblia, la esperanza va dirigida hacia una certidumbre; está basada en las promesas infalibles de Dios. Lo que la hace esperanza, como explicó Pablo en Romanos 8:24, 25, es simplemente el hecho de que no ha sido realizada todavía.

El consejero puede dar esperanza cuando: 1) él mismo cree en las promesas de Dios, y 2) cuando puede comunicar con seguridad estas promesas a sus aconsejados. Cualquier duda por parte del consejero puede interferir severamente en la esperanza del aconsejado. Sólo el consejero cristiano puede ofrecer esta esperanza, puesto que sólo él tiene la certidumbre de las palabras escritas infalibles de Dios sobre las cuales basa su seguridad. Si en la mente del consejero existe alguna duda, es un fallo serio que no sólo es perjudicial para el aconsejado, sino que deshonra gravemente a Dios.

Lo más fácil que se puede hacer en la primera sesión

es recoger datos. Y muchos consejeros lo hacen, aun cuando reconocen que al aconsejado le falta esperanza. Pero, en este caso, no es lo más acertado que se puede hacer. Un oficial del Ejército de Salvación una vez me entregó una hoja de afeitar al terminar la primera sesión que tuvo conmigo, y me dijo: «Si no me hubiera dado esperanza, al salir de aquí la habría usado en mi propia muñeca.» La regla es: siempre que sospeches que un aconsejado necesita esperanza, déjalo todo y trabaja en ella. Sin esperanza no hay seguridad de que el aconsejado resista (cfr. 1.ª Tes. 1:3). Es posible que tengas páginas de datos en tu carpeta, pero no te quedes sin aconsejado.

Cuando el aconsejado tiene esperanza, lo típico es que el consejero se centre en la recogida de datos. Si trata de prescribir soluciones bíblicas a un problema que no entiende de modo adecuado, es un «necio» y merece ser «reprendido» (Prov. 18:3), como lo merecían los consejeros de Job. Así que, aunque haya dedicado bastante tiempo y tenga un buen intercambio de preguntas y respuestas sobre un caso, en general, el consejero considerará que sus conclusiones iniciales son de carácter provisional o tentativo.

Querrá ponerlas a prueba leyendo las respuestas a la asignación para casa, que estará basada sobre estas conclusiones. Todos los datos deben ser interpretados, categorizados y expresados en terminología bíblica.

En esta primera sesión el aconsejado también procurará descubrir y tratar los problemas estándar o de agenda. Por tanto, si los objetivos del aconsejado son diferentes de los bíblicos, como es corriente, habrá que tratar de éstos tan pronto como sea posible. De otro modo, en todo lo que intenten, el consejero y el aconsejado estarán hablando y andando el uno en dirección contraria al otro más bien que juntos.

Como ejemplo de estos problemas de agenda voy a referir lo siguiente:

Consejero: «Veo en su I.D.P. una respuesta a la pregunta "¿Qué quiere que se haga por usted?" que dice: "Que mi esposa vuelva a toda costa. Haré todo lo que sea para que vuelva."»

Aconsejado: «Correcto: ¡todo lo que sea!»

Consejero: «¿Todo? ¿Mentiría, hurtaría, cometería un asesinato?»

Aconsejado: «Hombre..., usted sabe lo que quiero decir.»

Consejero: «No, no lo sé. Estoy intentando hallarlo. Esto puede ser importante.»

Aconsejado: «Bueno..., en realidad no estoy seguro.»

Consejero: «Déjeme expresarlo a mi manera. Lo que quiere decir es: "Haré lo que Dios quiere que haga sobre este problema."»

Aconsejado: «Nunca lo pensé así. Pero creo que está bien.»

Consejero: «No sólo hemos de proseguir sobre esta base, sino que hemos de ir incluso un paso más allá. Aunque sea bueno y conveniente que se reúna con su mujer, ésta no es la prioridad máxima. Pues, de otro modo, podríamos recurrir a trucos hipócritas. Usted no quiere esto.»

Aconsejado: «¿Qué quiere decir?»

Consejero: «Lo que digo. Usted ha de querer hacer lo que Dios quiere que usted haga en esta situación, simplemente para agradar a Él —porque Él lo quiere—, tanto si su esposa vuelve como si no vuelve. No puede hacer cambios para que vuelva, simplemente. El arrepentimiento no es un truco.[2] Sólo si se arrepiente de todo pecado que haya en su vida podrá aceptar el resultado que sea: su regreso, o el que no regrese. Pero entonces, en uno u otro caso, se hallará en una posición de fuerza ante Dios que le permitirá hacer frente a lo que sea. Su prioridad máxima

2. Puede verse más material sobre esto en *Más que Redención*.

es agradar a Dios. Usted puede hacer esto tanto si ella vuelve como si no.»

Este tipo de negociación en los planes es absolutamente vital para hacer posible en el aconsejar que una persona siga un camino derecho hacia los objetivos de Dios.

La fase final de la primera sesión, de modo típico, trata de dar las varias asignaciones de trabajo para casa, que surgen de las discusiones durante la hora. Tienen que presentarse de modo cuidadoso (claras, completas, precisas) y ser explicadas del todo. (En general, es prudente pedir al aconsejado que repita la asignación dada, para asegurarse de que lo entiende.) El consejero requiere la aceptación seria de los objetivos bíblicos hacia los cuales estas asignaciones van dirigidas, anima al aconsejado y sella su promesa por medio de una oración. Las asignaciones de casa van escritas en un libro de trabajo para casa.

Naturalmente, en una primera sesión hay muchas cosas que pueden suceder; los aconsejados son todos distintos. Los consejeros han de ser flexibles y cubrir las necesidades según las vean. Pero estos puntos que enumero son todos ellos ingredientes que hacen una buena mezcla para la mayor parte de las sesiones de aconsejar iniciales:

1. Engendrar esperanza.
2. Recoger datos.
3. Ponerse de acuerdo sobre objetivos.
4. Asignación de trabajo para casa.
5. Obtención de promesa o compromiso.

Hay además un punto que no he mencionado aún porque quiero enfatizar sobre él por separado, aunque sea una parte del resto. En realidad, es el más esencial de todos los elementos. Por encima de todo lo demás, el consejero debe ayudar al aconsejado a poner a Cristo como legítimamente le corresponde, en el mismo centro del problema.

Muchos aconsejados vienen y obran como si fueran paganos, por más que sean cristianos. Ésta es una de las razones por las que están en el despacho. Hablan de su problema como si no tuviera ninguna relación con Cristo, y si tiene alguna, su parte es sacarle del embrollo en que se han metido. En realidad, el consejero bíblico, como Pablo (cfr. Flm. 1:13), tiene que insistir en que Cristo no sólo se halla en la solución, sino también en el problema. El problema existe, no sólo debido al pecado de alguno, sino también y (providencialmente) porque, en una forma u otra, Cristo quiere hacer algo bueno por medio de él (Rom. 8:28). Cuando un aconsejado empieza a reconocer esto y considera todos los aspectos de la situación desde este punto de mira, todo empieza a adquirir un tono distinto. Cuando el aconsejado deja la sesión con la idea en la cabeza: «Dios hará algo bueno como resultado de este problema; me pregunto ¿qué será?», el consejero ha sido efectivo.

Es más difícil decir lo que ocurrirá en las semanas posteriores; el aconsejar puede seguir cursos muy diferentes. Pero hay algunos temas y pautas que suelen desarrollarse.

Al principio de cada sesión el consejero pide el trabajo de casa dado en la sesión previa. Algunas veces hay que dedicar la mitad de la sesión a este asunto, incluso toda la sesión. Hay que prestarle siempre mucha atención. El consejero comprueba la forma en que se ha realizado, discute los fallos, las razones de estos fallos, vuelve a asignar el trabajo que no ha sido hecho apropiadamente (algunas veces presentado en forma algo distinta), da nueva ayuda para completarlo con éxito, recoge datos, da nuevas asignaciones basadas en la ejecución pasada y lo presente, reconoce y estimula el progreso y trata con firmeza la falta del mismo. En todo esto insiste en la importancia de la disciplina y la necesidad para seguir los compromisos que el aconsejado ha adquirido ante Dios.

Un examen cuidadoso del último párrafo va a revelar el hecho de que en el aconsejar cristiano se pone un énfasis muy acentuado en el período de *intervalo* entre las sesiones. La sesión misma no es considerada como una hora mágica en que el experto hace cosas a favor del aconsejado. Más bien son la semana anterior y la que viene después de la sesión las que se tienen a la vista; la discusión es sobre lo que el aconsejado hizo delante de Dios y de su prójimo y lo que va a hacer durante la semana que hay delante.

En muchas otras clases de aconsejar, el aconsejado se vuelve dependiente del consejero, y los puntos máximos o clave son la hora, en sesiones una vez por semana, que está con él; la semana intermedia es una curva descendente, a un nivel inferior. El aconsejar presenta este aspecto:

Sesiones   1 ⏝ 2 ⏝ 3 ⏝ 4 ⏝ 5   →etc.

Semanas
entre
sesiones

En contraste, en el aconsejar bíblico vemos lo siguiente:

Semanas
entre
sesiones

Sesiones   1 ⏜ 2 ⏜ 3 ⏜ 4 ⏜ 5   →etc.

Los puntos culminantes para los aconsejados en el proceso de cambio noutético se hallan durante toda la semana, día tras día, mientras se enfrentan con sus responsabilidades en la relación con Dios y su prójimo. El aconsejado va a *vivir* durante la semana lo que se le *enseña* durante la sesión. Luego, su ejecución, su trabajo, o la falta de trabajo, es evaluada en la próxima sesión. De este modo el cambio tiene lugar más rápidamente y dura más, porque implica todos los elementos mencionados en 2.ª Timoteo 3:16.

Además, en general, a la segunda o tercera sesión (no se puede hacer todo en la primera sesión) el aconsejado recibe un ejemplar de un libro de trabajo o ejercicios diario, devocional, *Cuatro semanas con Dios y tu prójimo*, que fue diseñado para ser usado por los aconsejados. Esta guía práctica pone énfasis en la oración y el estudio de la Biblia, que llevan a la transformación de la vida. Cada semana el consejero comprueba mediante este libro o cuaderno el trabajo hecho.

A medida que se suceden las sesiones, las asignaciones pueden implicar que traiga a otros a la sesión de aconsejar para resolver un problema, o que vaya a pedir perdón a un hermano, etc. Muchas veces, como resultado de estos encuentros, hay una crisis resolutiva en la vida de un aconsejado.

Los consejeros, en las sesiones, enfatizan en la obligación del aconsejado de cumplir los mandamientos de Dios, *tanto si le gusta como si no le gusta*. No se aceptan las excusas, pero se consideran las razones cuidadosamente a la luz de la verdad bíblica. Estas razones con frecuencia descubren problemas que no se habían entendido previamente.

En general tendría que haber progreso, por más que haya cumbres y valles:

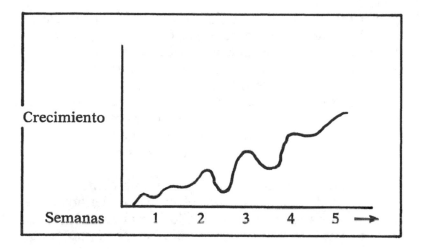

Crecimiento

Semanas   1   2   3   4   5 →

Hay retrasos y descensos, como los que vemos en las semanas 3 y 4, pero no son decisivos. El consejero examina cuidadosamente estos descensos para ver si hay motivos que los expliquen. No hay que interpretarlos sólo (o aun de modo primario) de forma pesimista o trágica, aunque hay que reconocerlos. Más bien, como ocurrieron en la providencia de Dios, hay que hacer un intento para averiguar todo lo que se puede hacer acerca de ellos. Con frecuencia, la información más vital de todas se recoge a partir de estos análisis. Así, en el espíritu de Romanos 5:20, el consejero se esfuerza en transformar los débitos en créditos. ¡Recuerda que Dios transformó una cruz en una corona!

El aconsejar se da por terminado: 1) cuando los problemas presentados, junto con los demás que hayan aparecido durante el camino, han sido resueltos de modo adecuado; 2) cuando el aconsejado ha sido restablecido a la utilidad en la Iglesia de Cristo; 3) cuando entiende la dinámica bíblica que le libró del problema; 4) cuando ha aprendido la manera de evitar fracasos futuros y ha desarrollado pautas de hábitos alternativos para reemplazar a los pecaminosos; 5) cuando sabe por sí mismo cómo salir de problemas en el futuro; 6) cuando ha aprendido a generalizar los principios y procedimientos bíblicos que han seguido en el aconsejar a situaciones nuevas y diferentes; 7) cuando ha sido restaurado a su lugar de utilidad en la iglesia local.

Estos siete criterios forman un estándar riguroso de éxito en el aconsejar, pero debe ser mantenido si deseamos ayudar a las personas de modo adecuado y evitar la necesidad de que los aconsejados regresen una y otra vez.

Después de la última sesión hay una confrontación o revisión de rutina, en que el progreso del aconsejado, sin ayuda alguna, es evaluado con el criterio de las siete normas dadas anteriormente. Cuando es necesario se puede asignar una sesión o dos adicionales, para solidificar o refinar alguna de las áreas de la vida del consejero.

Se podría decir mucho más del proceso de aconsejar, pero este bosquejo describe de modo típico lo esencial de los esfuerzos que se hacen.

Capítulo 7

VEINTICINCO PRINCIPIOS BÁSICOS

El intentar categorizar estos 25 principios básicos del aconsejar bíblico y colocarlos en orden sistemático es una tarea que me temo tendré que dejar para otra ocasión, para otro lugar y (quizá) para otra persona. En vez de ello, voy a enunciarlos simplemente y describirlos, uno a uno, sin intentar dar la base bíblica o la argumentación de los mismos (porque esto lo he hecho en mis otros libros). La lista no es exhaustiva, pero contiene cierto número de principios útiles, así como una breve explicación de cada uno que puede resultar útil para referencias.

1. Comprobar toda posible causa orgánica

Aunque, como es lógico, el miembro de iglesia no puede esperarse que diagnostique, ni haga de médico, es importante que esté al corriente de la posibilidad de causas orgánicas en los problemas de conducta. Siempre que haya la más leve sospecha de que la dificultad pueda tener causas orgánicas, hay que enviar al aconsejado a un médico (no a un psiquíatra) para una exploración médica. En *The Journal of Pastoral Practice*, publicado cada trimestre por «The Christian Counseling and Educational Foundation», Bob Smith, M.D., ha venido describiendo varios signos y síntomas, en términos no técnicos, para ayudar a los consejeros cristianos a detectar este tipo de dificultades, de modo que sepan cuándo enviar al aconsejado a un médico. Hay que estar seguro de que sea un médico —un profesional de la medicina mental—, no un mero psiquiatra.

2. *No estimular a intentar un cambio de conducta a personas que no se han arrepentido*

El intentarlo es facilitar el fracaso, la hipocresía y dar la falsa seguridad de que Dios va a contentarse con algo inferior al verdadero arrepentimiento. El arrepentimiento es un cambio completo en la mente, que lleva a la confesión del pecado y al deseo de cambio. En todo lo que hagas, evita que los aconsejados intenten el cambio de pautas pecaminosas sin que haya convicción de pecado y arrepentimiento.

3. *Ponerse de acuerdo con planes que estén en armonía con la Biblia*

A menos que el aconsejado quiera lo que Dios quiere, tendrá tendencia a rebajar sus aspiraciones, a contentarse con prioridades inferiores. Su prioridad máxima en el aconsejar ha de ser siempre agradar a Dios en el problema. Todo lo demás es secundario. De otro modo, los cambios tenderán a ser superficiales, hipócritas, temporales y no serios. Puedes advertirle que el fin no justifica los medios.

4. *La asignación de trabajo en casa después del comprometerse en el cambio bíblico*

Si no se compromete a hacer el trabajo de casa, estás invitando al fracaso y al desánimo del aconsejado.

Este compromiso, además, debe ser voluntario, libre, sincero, no parcial o forzado. Asegúrate también de que todo el trabajo de casa es claro, escrito, bien explicado y entendido del todo por parte del aconsejado.

5. Recoger todos los datos relevantes o de valor

Es mejor excederse en el lado de hacerlo a conciencia, si es necesario, que descuidar algo vital. Esto no significa que no se puedan hacer progresos pequeños e inmediatos ya al principio por medio del trabajo de casa sobre los datos que se poseen inmediatamente. Pueden hacerse y se *harán*. El trabajo de casa debe ser siempre específico, sobre *algo*. Las asignaciones se darán ya a la primera sesión, para demostrar que la fe ha de llevar a las obras, que *siempre* es posible algún cambio y a fin de desarrollar la expectativa de cambio desde el principio.

6. El cambio ocurre en formas concretas

El cambio nunca ocurre en lo abstracto. La gente no es realmente «desconsiderada», ni se vuelve «considerada». Deja de hacer o hace cosas que son «consideradas» o «desconsideradas». Las asignaciones de casa, por tanto, han de ser concretas («pon los calcetines sobre la silla») y no abstractas («esta semana muestra consideración hacia tu esposa»). Vas a descubrir que las asignaciones de casa has de darlas sobre hechos concretos. Pide listas (p. ej.: «Enumera cien formas en que has fallado como esposa y como madre.» Pocas personas pueden sacar 100 abstracciones; las listas largas casi siempre aseguran lo concreto). Al recoger datos, nunca te contentes con generalizaciones (si no pueden apoyar lo que dicen con datos específicos, probablemente es equivocado); di continuamente: «Deme un ejemplo de este pequeño fallo que usted reconoce, o bien seis de este otro, por favor.»

7. Resuelve los problemas en el orden apropiado

Hay que tratar ciertas dificultades antes que otras. El fallo en reconocer esto y el no colocar los problemas en el orden apropiado dará por resultado la incapacidad de seguir adelante. Un ejemplo de esto es la necesidad de perdonar como *base* para la reconciliación y una nueva relación. Ver, también, principio número 8.

8. Trata de las relaciones y los resultados

Algunos consejeros se centran sólo en los resultados. Una vez han convencido al aconsejado del principio o punto de vista bíblico, esperan que el aconsejado cambie automáticamente; cuando no cambia, se quedan perplejos. Una persona puede estar convencida de la voluntad de Dios, y todavía negarse a cambiar. Una de las razones es los problemas relacionados: su actitud hacia otra persona no ha cambiado. No importa lo plenamente que estén convencidos de que deberían poner término a su separación y volver el uno al otro, un marido y una esposa separados no lo harán hasta que se haya tratado su relación personal. Cuando ves que no vas a ninguna parte sobre un punto, comprueba las actitudes y las relaciones para hallar los posibles bloqueos.

9. Nunca consideres que es poca cosa

No tengas en poco la severidad del problema de un aconsejado (pero mira el principio núm. 10 para equilibrarlo). Ni tampoco descartes la evaluación negativa que a veces hace de sí mismo. No es fácil para un pecador admitir su pecado. Algunos, con buena intención, obran mal cuando dicen al aconsejado cosas por este estilo: «Vaya, vaya, Juan, no eres tan mal padre como dices.» Si una esposa dice: «He sido una desgracia como madre», has de tomarlo en serio. Di algo así como respuesta: «Esto es serio; dime hasta qué punto has sido deficiente como madre.» El no dar importancia a la evaluación de los aconsejados ni a la severidad de la situación es algo que no debe hacerse nunca. Lo que has de hacer es poner en alto al Salvador: «Sí, la situación es mala, pero (gracias a Dios) Jesucristo puede resolver los problemas aunque sean serios.»

10. La verdadera empatía es bastante sincera y profunda para estar en desacuerdo

Entra profundamente en el problema del aconsejado, para descubrir el aspecto que tiene, desde el punto de vista de Dios (esto es, bíblicamente). Verás, entonces, más de lo que ve él o ella. Esto a veces va a llevar a un *desacuerdo con la empatía*. A menos que haya algún punto en que estés en desacuerdo con el aconsejado, no tendrás ningún consejo que ofrecerle. Tu posición, por ejemplo, debería ser: «No; aunque este problema sea tan malo como dice (como puedes ver, ¡esto no es minimizar!), no es un problema sin solución. Cristo tiene respuesta incluso para *esto*.» El punto de desacuerdo es siempre el punto de esperanza en el cual puede empezar el aconsejar.

11. Empatizar con el sufrimiento, no con la conmiseración propia

Hay bastante diferencia entre el sufrimiento que uno ha de sobrellevar y al sufrimiento debilitante autoinfligido e innecesario de la autoconmiseración. El empatizar con este último es fomentar el pecado. El preocuparse en exceso, la angustia, el cavilar, es innecesario. En vez de ello, como muestra Pedro, un cristiano ha de confiar y obedecer en medio del verdadero sufrimiento. Hay bastante para sufrir en un mundo maldito por el pecado; no tenemos por qué añadir a ello con actitudes semejantes.

12. *Pasa tan rápidamente como puedas del problema a la solución*

Algunos aconsejados sólo quieren hablar de sus problemas. Pero como consejero debes orientarte a las soluciones, no a los problemas. No tiene ningún valor la instrospección mórbida o las confesiones largas y prolongadas que están al borde de la autoflagelación. La introspección, la confesión, la discusión del pasado, todo ello tiene un propósito: el llevar al aconsejado a un estado de arrepentimiento inteligente y genuino, que pueda resolver rápidamente sus problemas a la manera de Dios. No hay lugar para castigos del aconsejado. Dios quiere que tu aconsejado busque perdón, enderece lo mal hecho y viva para Él. Tu objetivo, recuerda, es *restaurarle*; no debe haber deseo de verle que se arrastra en la abyecta miseria mental, o en infligir penitencia y castigo.

13. *Vigila las actitudes fijas adoptadas*

Éstas se revelan especialmente en las palabras del aconsejado. Observa los clisés, las palabras clave, etc., que revelan la forma en que piensa el aconsejado. Palabras como «es imposible; no puedo; no hay esperanza» te dicen mucho. Éste es el lenguaje del abatimiento y la desesperanza. Hay otras actitudes que implican ira, preocupación, ansiedad, culpa, resignación, etc., y se descubren no sólo por la elección de las palabras y frases que usa el aconsejado, sino por el tono, la inflexión y el lenguaje corporal que las acompaña. Los clisés, las frases o historias repetidas con frecuencia indican también actitudes mentales fijas. Tienes que oponerte a ellas cuando su dirección e impacto van en contra de las Escrituras e inhiben el progreso en el aconsejar.

14. Busca nuevos desarrollos

La vida del aconsejado no está quieta desde la primera sesión a la última. Se desarrollan nuevos factores que con frecuencia influyen en una forma u otra en la situación del aconsejar. Éstas pueden ser de gran significado. El consejero, de una semana a la otra, debe inquirir sobre nuevos elementos: «Bueno, ¿hay algo nuevo que valga la pena decirme en lo sucedido esta semana?»

15. Recuerda la disciplina de la iglesia

Este proceso es un derecho y privilegio de cada aconsejado que no debe ser descuidado. Mateo 18:15 y ss. debe ser usado en ciertos casos. Los consejeros miembros de iglesia, en estos casos, tendrán necesidad de solicitar la cooperación de los ancianos u otros en la iglesia cuando, debido a la rebeldía clara, etc., los aconsejados (u otros implicados en sus problemas) rehúsen ser reconciliados en niveles inferiores.

16. Tu vida puede influir en el aconsejar

Un consejero debe estar elevando constantemente la calidad de su vida. Tendrás tendencia a fallar en tu ayuda a los aconsejados en áreas en que tú mismo tengas dificultades. O bien tienes que aclarar tus propios problemas, o remitir al aconsejado a otro, mientras lo haces.

17. El error doctrinal puede estar implicado

Debido a que la doctrina afecta a la vida, los aconsejados pueden tener dificultades debidas a enseñanza, creencias defectuosas, etc. Tienes que conocer tu Biblia bastante para discernir el error. Una forma de empezar es estudiar *Más que redención*, es un libro en el que me he referido a la doctrina cristiana en el aconsejar.

18. Los aconsejados que toman drogas requieren un enfoque especial

Las personas que toman drogas o bebidas alcohólicas en profusión no deberían ser aconsejadas hasta que estén libres de la influencia de la droga. Debes aprender algo sobre drogas, de modo que reconozcas si la persona obra y habla bajo su influencia. En este caso la conversación es inútil. Cuando interfieren las drogas, el aconsejado tiene que ir a un médico especialista y pedir que reduzca o elimine la dosis. El aconsejar sólo es posible con personas sobrias.

19. La pérdida de sueño puede llevar a problemas de percepción

En algunas personas la pérdida de sueño puede llevar a todos los efectos de la L.S.D. No trates de aconsejar a personas que tienen alucinaciones porque no han dormido; ¡hay que enviarlas a la cama! Luego, después del reposo adecuado, puedes aconsejarlas sobre los problemas que hayan llevado a la pérdida del sueño. Naturalmente, las alucinaciones u otros problemas de percepción pueden originarse por muchas causas.

20. Reemplazar las pautas pecaminosas con alternativas bíblicas

El cambio es una dinámica de dos factores. Los aconsejados no pueden *romper* sus hábitos, como dice el mundo; tienen que *reemplazarlos*. Tu tarea es, pues, no meramente conseguir que el aconsejado cese en sus actividades pecaminosas, sino seguir trabajando con él hasta que las haya reemplazado por pautas rectas. Con frecuencia, los aconsejados quieren terminar las sesiones *antes* de haber llegado a este resultado; hay que mostrarles que han de continuar, y la necesidad de ello.

21. *Vigila tu trato y manera personal de enfocar*

Tienes que procurar no inhibir el proceso de aconsejar mediante tu personalidad, tus acciones, palabras, etcétera. Hay una gran diferencia entre la «ofensa de la cruz» y la ofensa infligida por el consejero. Tu enfoque y trato debe ser afectuosamente firme, manso, mostrando interés y deseo de ayudar. Cuando es así, tu personalidad no va a añadir al problema, sino que ayudará a encontrar su solución.

22. *Llama siempre «pecado» al pecado*

No se hace un favor al aconsejado al llamar a su pecado «enfermedad» o un «problema genético». Lo más amable que pueden decirle es la verdad. Hay esperanza cuando se pone la etiqueta correcta. Jesús vino a perdonar y a derrotar el pecado. No promete un cambio de genes o la curación de todas nuestras enfermedades. Los nombres son importantes. Los nombres pueden ser señales y postes de indicación: indican a las soluciones. «La enfermedad» señala al médico; «el pecado», señala a Jesucristo.

23. *Pon énfasis en la obediencia a Dios, al margen de los sentimientos*

El hacer lo que Dios dice, cuando uno no siente el deseo de hacerlo, no es hipocresía; es simplemente obediencia. Yo no soy un hipócrita si me levanto por la mañana de la cama cuando no tengo ganas de hacerlo: obro de modo responsable. Tienes que enfatizar en que los sentimientos cambian cuando hacemos lo que sabemos que Dios quiere que hagamos, simplemente para agradarle.

24. *Pon énfasis en la respuesta del aconsejado*

No es el agravio que se ha hecho al aconsejado lo que es de gran importancia al aconsejar, sino la respuesta que el aconsejado ha aprendido a dar a los agravios. Esfuérzate por descubrir las pautas de respuesta habituales y no bíblicas del aconsejado; es de éstas que trata el aconsejar. Por desgracia, lo que otros han hecho —muchas veces triste, y aun trágico— no puede ser cambiado. La forma en que el aconsejado responde al agravio puede serlo. Puedes, pues, generar esperanza indicando este punto. El aconsejado no está «cuajado», fijo, con un estilo de vida dictado por otros. En el tiempo del Nuevo Testamento los convertidos griegos y romanos tenían fondos y orígenes que eran muy pobres, pero las Epístolas muestran que Dios esperaba que cambiaran sus vidas, *a pesar de* su historial y su pasado y crianza. La gracia de Dios en esto es suficiente.

25. *Usa todos los recursos de tu iglesia*

Cuando un aconsejado necesita un hogar, debe haber uno ofrecido por una familia cristiana. El dar cursos en la iglesia referentes a problemas, y el pedir ayuda a personas entendidas en negocios, amas de casa, etcétera, puede ser útil para resolver problemas especiales. Hay muchos recursos no explotados en la iglesia que deben ser usados en el aconsejar.

Estos 25 principios no son en modo alguno exhaustivos, pero debido a su naturaleza básica, no sólo pueden enseñar, sino proporcionar una guía de referencia rápida para una sesión de aconsejar. Además, cuando te hallas atascado y el aconsejar parece empantanado, una mirada rápida a estos principios puede recordarte algo que hayas olvidado y que puede poner en marcha las cosas otra vez.

Capítulo 8

LA DISCIPLINA: UNA ESPADA
DE DOS FILOS

La falta de disciplina en la vida del consejero es causa de muchos fallos en la práctica del aconsejar. La mayoría de aconsejados, aparte de los otros problemas que puedan tener, presenta un problema más, debido a una vida indisciplinada. Es posible que no se den cuenta de que esto es un problema para ellos, pero el consejero ha de verlo. Tanto si el aconsejado admite que la falta de disciplina es un factor contributorio o que complica, como si no, el consejero debe buscarla en su vida. En algunos aconsejados la falta de disciplina en sí misma es la dificultad principal.

La naturaleza de la situación es tal que, cuando los problemas quedan sin resolver durante un tiempo, acaban corroyendo la poca estructura y disciplina que había. Incluso las personas normalmente bien disciplinadas pueden ver que esto sucede; cuando ocurre, viene a agravar la situación para ellos. Hay tendencia a aflojar en muchas responsabilidades e intereses en aquellos cuyos problemas han continuado durante algún tiempo. Incluso en los casos en que este espíritu del «¿para qué sirve ya?» no da lugar a una depresión seria, puede causar destrozos en lo que queda de estructura en la vida. Añádase a esto el factor de que muchas personas que necesitan que se les aconseje (no todas) llevan vidas más bien indisciplinadas, y con ello tendremos todos los ingredientes de un potaje difícil de tragar. En una forma u otra, cuando empiezan el proceso de aconsejar, muchos aconsejados se hallan en necesidad de ayunar en el área de la disciplina. RECUERDA ESTE HECHO.

En el mismo centro del problema de la vida indisciplinada hay la falta de estructura y, con frecuencia, de esto resulta la falta de propósito. La persona disciplinada sabe adónde quiere Dios que él vaya, y estructura su vida para que le lleve a aquel punto. Además, estructura dentro de su vida medios que le recuerden sus obligaciones, y métodos que le hagan posible el hacerles frente. Hace planes por adelantado, adquiere compromisos, marca fechas, hace horarios y no se aparta de sus planes, prescindiendo de si le gusta o no le gusta hacerlo. La persona indisciplinada raramente hace ninguna de estas cosas.

En vez de ello, la persona indisciplinada se mete en problemas por seguir sus sentimientos en vez de sus obligaciones. Como la estructura en su vida es mínima, halla muy fácil caer en la trampa de los sentimientos, le es muy difícil decir que «no» y siempre deja que las circunstancias o la otra gente dirijan su vida. Puede fijarse metas, pero raramente las alcanza, porque falla en erigir las estructuras que son necesarias para conseguirlas. Evita comprometerse porque sabe que no es probable que cumpla lo prometido. Luego, se sorprende de por qué nunca llega allí donde quiere ir. Puede que eche la culpa a Dios y a los demás por su fracaso, pero mientras no se le muestre la verdadera naturaleza de su dificultad, nunca alcanzará sus objetivos.

Ahora bien, todo esto es de máxima importancia para el consejero lego miembro de la iglesia. Si ha de trabajar con personas de esta clase, y si ha de ayudarles a disciplinarse para vivir vidas de piedad (1.ª Tim. 4:7), tiene que conocer a fondo la disciplina. Ha de poder sugerir medios y métodos a los aconsejados para que disciplinen sus vidas, ha de hacer planes para controlar de modo regular su progreso, para estar seguro de que cubran sus necesidades, y ha de hacerlo en *una forma altamente disciplinada*, en todo el curso del aconsejar. El único modo de desarrollar nuevas pautas de vida bíblica es mediante estructura u orden interno propio que lleve a estructurar a otros. El análisis y las respuestas escriturales, las mejores intenciones del mundo y aun el comprometerse a los objetivos bíblicos —aunque todo ello es bueno y necesario— van a fallar si no forman parte de una estructura de conjunto diseñada y motivada para producir lo que Dios desea. Pero incluso esto no puede hacer funcionar las cosas, a menos que el consejero anime, reprenda, demuestre, explique, alabe, etc., a lo largo del camino.

Cuando ocurre un fallo debido a la falta de estructura o de control, es casi peor que si no se hubiera hecho intento alguno. Los aconsejados, entonces, puede que se desanimen, puesto que ven que lo que son claramente objetivos y soluciones bíblicas han fallado ¡por falta de disciplina! Este desánimo puede dar lugar a la desesperanza, la duda y la derrota. De modo que ¡no puedes fallar aquí!

En todo esto se puede ver que el mismo consejero tiene que ser disciplinado. La disciplina es una espada de dos filos que corta por el lado del consejero y del aconsejado. El consejero debe vivir una vida disciplinada para enseñar a vivir de modo disciplinado. En el aconsejar y en su vida personal (esto se corre al aconsejar) el consejero debe aprender a estructurar la vida según las prioridades y principios de Dios. También funciona por el otro lado: el aconsejar de modo responsable ayuda al consejero a disciplinarse.

Dios planeó su obra, luego realizó su plan. El ministerio dé Cristo fue llevado a cabo según su plan: Vino «en la plenitud del tiempo», habló del hecho de que su «hora aún no había llegado», y murió por los pecadores: todo según plan. ¿Quiénes somos nosotros, criaturas hechas a la imagen de Dios, para pensar que podemos ir adelante sin planes ni horarios?

La disciplina y la estructura (o la falta de ellas) empieza en la forma en que se establece el aconsejar. Luego, la forma en que se realiza, sigue ayudando o inhibiendo la disciplina en el aconsejado. La mayoría de consejeros legos piensan que pueden ponerse de acuerdo con los aconsejados en verse siempre que sea conveniente. No actúan en una forma muy estructurada sobre el mismo aconsejar. Mejor que esto es decir a un aconsejado potencial: «Esto da la impresión de que llevará más de una sesión. Nos reuniremos aquí durante las próximas 8-10 semanas, a las 4, cada jueves. Nos reuniremos regularmente, tendremos asignaciones regulares que han de estar hechas a tiempo, a menos que haya una verdadera enfermedad física que lo impida, y los dos nos comprometemos a estar presentes. Su vida es demasiado importante para que la tratemos de modo descuidado.»

Cuando un aconsejado no se presenta, hay que telefonearle. Pregúntale qué ha pasado. Si responde —cosa que no es rara—: «No sentía el deseo de vivir», le contestas: «Entonces, ésta era la razón por la que debía de haber venido. Le espero; venga en seguida.» Sé amable, pero firme. No aceptes excusas. Insiste en que guarde sus compromisos. Explícale que esta clase de conducta (por lo menos en parte) es lo que le ha llevado a sus problemas, y que no serías amigo suyo si le dejaras escapar con una excusa así. Dile: «Yo no voy a contribuir a su problema.» Insiste, durante el aconsejar, en que haga honor a todos sus compromisos, complete sus asignaciones en casa y ejecute todo lo que tenga que hacer. Muchos aconsejados saben lo que es malo, e incluso lo que deberían hacer; todo lo que necesitan es alguien que les ayude, empujándoles. Al final van a agradecértelo, por más que les hayas hecho gemir y quejarse durante el camino.

Aconseja en una forma estructurada; ejecuta todo lo que hayas sometido a los propósitos de Dios. Dile antes bien claro al aconsejado la clase de cosas que tienes intención de hacer en el aconsejar, y las expectativas que tienes, el tiempo que es probable duren las sesiones, las trampas y tropiezos que ves venir por adelantado, etc. Usa el I.D.P. y el libro de trabajo en casa. Estas ayudas estructuradas contribuirán a mostrar que vas en serio. Explícale lo que haces y por qué (todo lo que tú no puedes explicar, él no tiene por qué hacerlo). Está preparado para las preguntas del aconsejado. Recoge datos de manera sistemática cubriendo todas las áreas de la vida del aconsejado. Analiza cuidadosamente los problemas, fallos en el lenguaje bíblico, y todo lo que descubras lo discutes en términos de etiquetas y categorías bíblicas. No uses jerga psicológica.

Da libritos al aconsejado, como *La piedad por medio de la disciplina*, para enfatizar sobre la importancia de la disciplina; enséñale lo que es disciplina, para mostrarle cómo estructurar su vida y animarle a empezar a llevar una vida más disciplinada. Descubre y haz una lista de todas las áreas de su vida que carezcan de disciplina, y determina lo que hay que hacer para reestructurar cada una en una forma disciplinada.

En todo, sin embargo, recuerda que la estructura no es inflexible. Nunca debes ser rígido, insistiendo en estructura por amor a la estructura. En realidad, es ella la que nos permite la flexibilidad y el cambio. ¡No puedes cambiar algo que no está allí! Sólo sabes que vas bien cuando haces un cambio en tu horario, por ejemplo, cuando tienes un horario bien ordenado que muestra que hay la posibilidad de efectuar el cambio. La falta de estructura crea el caos.

El cambio de circunstancias puede requerir la revisión de un horario. Cuando la escuela termina en primavera y los niños están en casa todo el día, esto requiere un cambio del horario que usabas en el invierno cuando estaban en la escuela. Has de estar siempre dispuesto a cambiar un horario cuando ya no sirve a su propósito, pero no has de revisarlo por otras razones. «Sigue un plan u horario, tanto si te gusta como si no, porque ésta fue una de las razones por las que lo hiciste». Esto tendrás que decirlo una y otra vez a los aconsejados.

Éstos y muchos otros aspectos de la disciplina que descubrirás cuando ayudes a los aconsejados a estructurar sus vidas para vivir piadosamente son una parte vital del aconsejar efectivo. Muchas veces, una práctica de aconsejar naufraga y da contra los arrecifes de las prácticas indisciplinadas. No permitas que esto te ocurra a ti.

Capítulo 9

AYUDA PARA RECOGER DATOS [1]

Un aspecto importante del aconsejar es la recogida de datos. Los cuatro puntos siguientes son básicos en la recogida de datos: 1) Cuando sepas lo que lleva a la gente a buscar consejo, 2) qué problemas son comunes a las distintas clases de personas, 3) cómo descubrir dónde están las mayores dificultades, y 4) cómo descubrir los datos desconocidos, tu efectividad para ayudar a los aconsejados va a aumentar en gran manera. Los datos y los procedimientos auxiliares que siguen están diseñados para hacer estas cosas.

¿Por qué vienen las personas a aconsejarse?

Es importante distinguir entre los varios problemas que motivan a las personas a buscar ayuda. La lista siguiente, aunque no es exhaustiva, puede ser útil. Incluye veinte de las razones más frecuentes por las que las personas van a ver un consejero.

1. Consejo para tomar decisiones simples.
2. Respuestas a preguntas que perturban.

1. De Jay E. Adams, *El Nuevo Testamento del Consejero Cristiano*.

79

3. Depresión y sentimiento de culpa.
4. Guía para decidir sobre carreras.
5. Situaciones de colapso mental.
6. Crisis.
7. Fallos y fracasos.
8. Pena, aflicción.
9. Comportamiento raro, extraño.
10. Angustia, preocupación, temor.
11. Otros sentimientos desagradables.
12. Problemas familiares y matrimoniales.
13. Ayuda en la solución de problemas con otros.
14. Deterioro en relaciones interpersonales.
15. Problemas relacionados con drogas y alcohol.
16. Dificultades sexuales.
17. Deformación en las percepciones.
18. Problemas psicosomáticos.
19. Intentos de suicidio.
20. Dificultades en el trabajo o en la escuela.

Es importante reconocer a qué áreas es probable que correspondan los problemas. Para muchas clases de personas hay áreas especiales en que de modo corriente (quizás *usual*) se hallan zonas «calientes», o sea, de máxima fricción.

Respecto a los *niños*, el consejero ha de buscar problemas en las relaciones con los padres, dificultades con los de su grupo, con el maestro o tensión en la escuela en alguna forma.

En *chicos y chicas mayores*, y en los *solteros*, además de algunos de los problemas anteriores, hay que explorar la posibilidad de dificultades sexuales, problemas en el salir con chicos o chicas, interrupción en las comunicaciones con los mayores, problemas sobre el sentido de la vida, descubrimiento y desarrollo y uso de los dones, en la escuela y en el trabajo.

En el caso de *solteros ya mayores* hay que buscar resentimiento por fallo en casarse, y explorar pautas habituales que pueden haber sido obstrucciones al potencial matrimonial, o por lo menos impedimentos y frenos. Considerar, si es posible, problemas de tipo homosexual, en uno y otro sexo. Comprobar los horarios desorganizados.

En las *personas casadas*, investigar no sólo las tensiones resultantes del mismo matrimonio, sino que también las relaciones con los suegros y cuñados, los problemas relativos al empleo o al cuidado de la casa, preocupaciones financieras, disciplina de los niños. La ruptura en las comunicaciones, el resentimiento y la depresión son también posibilidades.

Las *personas ancianas* pueden sufrir de soledad, conmiseración propia, dolores y dolencias físicas, falta de propósito, sentido y uso del tiempo y temor de la muerte.

Las *personas impedidas* tienen problemas especiales. De modo particular hay que buscar resentimiento contra Dios o contra otros, o los dos; soledad y conmiseración propia. Puede haber un sentimiento de inutilidad. Estas personas necesitan que se les muestre cómo pueden dar gracias a Dios por los problemas, y transformar lo negativo en positivo por la gracia de Dios. Con frecuencia, el aconsejado impedido ha desarrollado pautas en las cuales ha aprendido a usar su defecto para manipular a los que le rodean.

No siempre se hallan todos estos problemas en cada caso. En algunos casos los factores especiales que caracterizan al individuo en una categoría particular es posible que no jueguen ningún papel en el problema de esta persona. Sin embargo, incluso cuando hay algún problema o problemas no relacionados específicamente con la edad, o la soltería, o el matrimonio, etc., que parece que dominan, los problemas especiales dentro de la categoría pueden formar problemas secundarios o complicaciones (p. ej.: «Ya sé por qué tuvimos este altercado; soy viejo e inútil, y estorbo a todos»), y éstos tendrán que ser resueltos también.

a) *Interrogatorio extenso*

Al recoger datos, recuerda que has de hacer preguntas del tipo «qué» en vez de preguntas del tipo «por qué». Las primeras es más probable que resulten en respuestas sobre hechos; las otras, en especulación. Al recoger datos, si es posible, empieza siempre con un interrogatorio extensivo en vez de intensivo.

En este enfoque el consejero usa la escopeta en vez del rifle; la perdigonada en vez de la bala. Reparte preguntas por todas partes de la gama de la vida. El consejero puede desear hacer uso de la siguiente lista cuando aconseje de modo extensivo. Se ha dejado espacio para añadir las preguntas propias adicionales. La lista es sugerente, no exhaustiva. Pregunta sobre:

1. *La relación del aconsejado con Dios*; en la iglesia. ¿Es salvo, hay sentimiento de culpa sobre pecados particulares, cuáles son sus objetivos en la vida, ha habido algunos cambios significativos en estas áreas últimamente?

2. *Sus hábitos* respecto a la lectura de la Biblia, su estudio, la oración, el servicio cristiano, el uso de dones, el testimonio.

3. *Su relación con otros*: esposa/marido, padre/madre, hijos, cuñados y suegros, vecinos, parientes y otras personas importantes.

4. *Su trabajo (o escuela)*: ¿le gusta, tiene problemas allí, tiene miedo de fracasar, se ve capaz de cumplir bien en el empleo? ¿Qué hay de sus relaciones con los demás? ¿Algunos cambios recientes en el trabajo?

5. *Su vida física*: ejercicio adecuado, sueño (recuerda los efectos de la falta de sueño), régimen; enfermedades, heridas, abuso corporal. ¿Qué sobre la vida sexual?

6. *Situación financiera*: ¿da el diezmo, ofrendas a la iglesia, paga sus facturas, hace presupuesto, paga los impuestos? ¿Discute con su esposo/esposa sobre dinero? ¿Pérdidas financieras recientes?

7. *Actividades sociales y recreo*: ¿Adecuadas? ¿Familia, excursiones, vacaciones, citas, amigos?

8. *Tiempo*: ¿su organización, desorganización? ¿Prioridades respecto a Dios? ¿Horarios? ¿Se halla atrasado?

9. ¿Ha habido recientemente, el año pasado, *tragedias* en la casa: *muertes, crisis, cambios vitales*?

10. ¿Hay *temor, ira, resentimiento, amargura, depresión*, culpa y otros sentimientos o actiudes?

Estas preguntas son añadidas a las que se hacen en el Inventario de Datos Personales, y no son para reemplazarlo. Algunas son repetidas, pero a veces es necesario hacer una pregunta más de una vez en diferentes contextos.

Cuando el consejero comprueba estas áreas, va registrando con cuidado las respuestas (registrar datos tipo base y tipo halo —no verbales—), haciendo más preguntas que surgen de las respuestas, pero no dejando que el interrogatorio se quede empantanado en alguna área. En la columna de la agenda el consejero pone los datos base o núcleo que querrá investigar de modo más intenso después. Estas áreas incluidas son donde los datos núcleos, indican problemas posibles o ciertos, y donde los datos halo (nerviosismo, movimientos del cuerpo, tensión especial, tartamudeo, sorpresa, sofoco, evasión, pena, etc.) parecen indicar una sensibilidad especial.

b) *Cómo descubrir pautas de problemas*

Las pautas no siempre son conocidas por el aconsejado y pueden no ser aparentes de modo inmediato al consejero. El uso de la hoja D.P.P. puede ser asignado como tarea de casa para ayudar a descubrir estas pautas, durante una a cuatro semanas. La hoja ha sido diseñada para que su uso sea simple para el aconsejado. Sigue una muestra:

Nombre ....

Fecha ....

Instrucciones: Durante una semana enumera en la lista todos los sucesos, situaciones y actividades (buenas o malas) que resulten en ....
Pon un círculo en aquellas que resulten tres o más veces.

	Dom.	Lun.	Mart.	Miérc.	Jue.	Viern.	Sáb.
Mañana							
Tarde							
Noche							

El D.P.P. es un instrumento flexible. Por ejemplo, si un aconsejado está interesado en romper una pauta de mordisquear fuera las comidas, puede tener a mano un D.P.P. para anotar cuándo come (o desea comer). Puede descubrir por ella que este mordisquear está relacionado con ciertas situaciones como: 1) cuando mira televisión, 2) cuando está preocupado por los hijos, 3) bajo tensión, 4) antes de cenar cuando tiene hambre. El recoger estos datos puede ser útil para hacer planes en la estrategia de romper la costumbre y reemplazarla. Al interpretar el D.P.P., procura ver los sucesos recurrentes (situaciones) o períodos (tiempo). La pauta puede ser geográfica, cronológica, interpersonal, etc. La hoja puede hacerse fácilmente.

c) *Interrogatorio*

I. *Empezar con las dos preguntas básicas* (todas ellas preguntas del tipo «qué»).

    A. Preg. 1: ¿Qué problema tiene? (Tres niveles de respuestas.)

        1. Nivel de irritación: «Estoy deprimido.»
        2. Caso particular: «Estoy deprimido porque he tenido una discusión con mi suegra.»
        3. Pauta subyacente: «Estoy deprimido porque he tenido una discusión como tengo siempre que pierdo los estribos.»

    B. Preg. 2: ¿Qué quiere que yo haga para usted?

        1. Problema de agenda: asegúrate que los dos queréis hacer la misma cosa: la voluntad de Dios.
        2. Motivación básica de agradar a Dios (no recobrar la esposa, ver aliviada la aflicción, etc.; todo esto es secundario).

II. *Búsqueda de datos.*

    A. Énfasis en preguntas de tipo «qué» (que resultan en hechos), más bien que de tipo «por qué» (que dan por resultado especulación).

    B. No hacer preguntas que puedan ser contestadas por medio de sí o no. (Guarda éstas para el momento en que el aconsejado ha de comprometerse.)

C. Otras preguntas que surgen de las respuestas anteriores.

    1. Como en conversaciones normales.
    2. Con esta excepción: has sido invitado a hacer más preguntas personales (pero todavía hay límites).

D. Haz preguntas con enfoque extensivo e intensivo.

E. Observa la aparición de datos tipo halo (no verbales).

F. Pregunta cosas exactas, específicas; no te contentes con generalizaciones o abstracciones.

d) *Cómo hay que escuchar*

Hay mucha información defectuosa sobre el valor y lugar del escuchar en el aconsejar. Si bien el escuchar es un aspecto vital del aconsejar, recuerda que es sólo un aspecto. Nunca debe ser equiparado con el aconsejar como si fuera el todo, ni tan sólo es el aspecto más importante de la tarea. El escuchar es un medio (sólo uno) esencial para llegar a los fines del consejero.

I. Dios dice: Escucha los *hechos* (Prov. 18:13).

A. No te precipites en llegar a conclusiones (es decir, las apariencias engañan).

    1. El primer problema que presenta el aconsejado no tiene por qué ser el más importante.
    2. Es posible que haya sido ofrecido como

un globo sonda para ver cómo manejas los problemas.

B. Se sugiere una razón para fracasar: el consejero no debe ser demasiado ansioso de hablar.

1. Puede ofrecer respuestas mecánicas (soluciones) para todo. O bien puede hacer
2. Estereotipos (fallo en reconocer la verdadera diversidad), o bien
3. Fallo en distinguir las cosas que son distintas pero que se parecen:

   a) Comportamiento raro por pérdida de sueño, causas orgánicas;
   b) Tendencia a identificar el caso con otro reciente que fue fácil: «Parece como el caso de la semana pasada», o

4. Fallo en distinguir los tres niveles de respuesta a la pregunta «¿Qué problema tiene usted?»

C. Necesitas recoger datos:

1. Dios no pone énfasis en el valor de escuchar *per se* en este pasaje,
2. Sino el valor de escuchar como un medio de obtener datos sobre los cuales hablar.
3. El versículo 13 (y 15) da cuadros de situaciones de recogida de datos.

D. El pasaje no implica que no se da respuesta ni consejo, sino más bien

1. Que, al contrario de Carl Rogers,
2. Escuchar es recoger datos que permitirán

dar respuestas y aconsejar debidamente.

3. Estos versículos no están enfocados hacia el problema, sino hacia la solución.

II. Escucha de modo *activo* los hechos (Prov. 18:15).

A. El que escucha es presentado, no de modo pasivo, sino activo, escuchando

1. Para *adquirir* conocimiento,
2. *Buscándolo.*

B. Los datos necesarios para dar una respuesta apropiada no vienen de escuchar

1. Un monólogo del tipo de corriente de la conciencia, estructurado por el aconsejado,
2. Sino de respuestas solicitadas y requeridas por el consejero.

C. El consejero ha de controlar el flujo de la conversación.

1. Ha de buscar y hallar los datos que está buscando, así como los datos que el aconsejado desea ofrecer.
2. Es prudente y sabio en la forma en que conduce la sesión para recoger datos.

a) Sabe lo que ha de preguntar,
b) Cuándo lo ha de preguntar,
a) Cómo presentar la pregunta (palabras de la misma). (Ver material sobre el interrogatorio.)

D. Escucha buscando hechos, no meramente actitudes o sentimientos.

1. Nota: busca «conocimiento» o «información».
2. Nota, además: el sentimiento no es mencionado en estos tres versículos.

III. Escucha *todos* los hechos (Prov. 18:17).

    A. Hay dos o más lados en muchos asuntos:

        1. Esto implica que todos los afectados han de estar presentes si es posible,
        2. Que cada uno ha de escuchar lo que el otro dice a fin de explicar, modificar, amplificar, etc. (nótese «examinar»).
        3. Y es claro que uno no ha de permitir hablar con carácter negativo sobre otro cuando éste no está presente (ver también Stg. 4:11).

    B. El primero que habla puede sonar muy convincente si se le oye solo,

        1. Pero la información adicional que el otro proporciona puede volver la cosa al revés.
        2. Como, por ejemplo, cuando una aconsejada dice: «¡Él me pegó! ¡Me dio una bofetada!»
        El marido contesta:
        «Seguro que le pegué, pero fue para que recobrara el sentido. Estaba chillando como una loca y dándose puñetazos en la cabeza.»

Capítulo 10

EL ANÁLISIS BÍBLICO DEL PROBLEMA

He mencionado ya la gran importancia del lenguaje y las categorías bíblicas, indicando que los términos son, no sólo los signos de las cosas que significan, sino también que son postes de señales que conducen a la solución de los problemas. Las categorías que usamos para clasificar datos son también de importancia, ya que pueden poner prejuicios y, con ello, dirigir y limitar el pensamiento. Permítaseme explicar esto un poco. Algunas pruebas de la personalidad tienen una categoría que permite buscar la «homosexualidad latente». La existencia de esta categoría presupone que la homosexualidad es genética. Dada la aceptación y uso de la prueba, el consejero se ve dirigido en su modo de pensar hacia una dirección determinada. Al contrario, en el pensamiento bíblico uno clasificaría la homosexualidad como un pecado dominante de la vida.

La llamada a un análisis bíblico, incluyendo el lenguaje y las categorías bíblicas, surge de los siguientes supuestos o premisas:

1. El pensamiento y la terminología bíblica son más precisos.
2. La Biblia es totalmente digna de confianza.

Pero ¿qué más hay implicado en un análisis bíblico del problema de un aconsejado? Quizá la mejor manera de contestar a esta pregunta y ponerlo todo en la perspectiva apropiada es tomar un caso y discutirlo. Para el propósito usaré el caso número 20 del *Libro de casos del consejero cristiano*.

«MI VIDA ES UN CERO A LA IZQUIERDA»

Midge es una chica trabajadora, de 23 años, soltera. Se graduó en un *college* bíblico y ahora es secretaria en la misma escuela,

En el Inventario Personal de Datos, Midge se describe a sí misma como «con frecuencia deprimida», «tímida» y «solitaria». Añade: «No soy nada, me siento inferior.» Dice que ora con frecuencia, pero lee la Biblia sólo de vez en cuando.

Tal como ella lo ve, su principal problema es: «El concepto que tengo de mí misma es que soy un cero absoluto. Esto es posible que le sorprenda, pero es así. Toda mi vida ha sido un cero a la izquierda. Nadie me nota, nadie me quiere, no le intereso a nadie. Lo mismo que si fuera muerta. Me siento muy inadecuada. Incluso cuando oro no puedo encontrar alivio. Probablemente ni aun el Señor me quiere. Pero Él es el que me hizo así, así que quizá me quiere.»

La mayoría de los consejeros modernos dirían que Midge tiene un problema con su «imagen del yo». Su concepto de sí misma —se apresurarían a añadir— es pobre y necesita «estímulo del yo.» Hay que ayudarla a adquirir un sentido de su «propio valor», esta clase de cosa que pasa a ser la tarea básica del aconsejar. Si nosotros analizáramos su pasado, probablemente descubriríamos que en una forma u otra se ha ido rebajando continuamente. Esto se puede considerar que es la causa de su problema. Ésta es la evaluación del caso, y es del tipo que se oye hoy con frecuencia. Pero el análisis es deficiente y señala hacia la dirección equivocada. Se pasa tranquilamente por alto el hecho de que otros que han sido rebajados por sus padres o iguales *no* hayan desarrollado los mismos problemas. Y que la actitud de Midge pueda implicar mucho de esto, no está considerado.

En realidad, las palabras entre comillas en el último párrafo estructuran para nosotros un análisis no bíblico del problema de Midge. No sirven de mucho; en vez de ello nos llevan a pensar por cauces equivocados. Ni tampoco dan esperanza. Sabemos que no hay manera de hinchar, o elevar, o hacer mucho sobre la imagen propia de uno. Algunos, siguiendo a Adler, enfocarían sus comentarios diciendo: «Me siento inferior, me siento inadecuada», y dirían que tiene un complejo de inferioridad.

Pero, como consejero bíblico, vas a evitar un análisis así. Midge misma ya ha adoptado la línea Maslow-Adler (especialmente el primero) y se analiza *en términos* de imágenes de sí misma de inferioridad. Su propio modo de pensar y sus respuestas a la vida han sido formadas, limitadas y condicionadas por el modelo que este modo ecléctico de ver las cosas presupone o exige. Esto significa que, como consejero suyo, tendrás que ayudarla a ver el problema de modo diferente. La ayudarás a abrir su modo de pensar hacia nuevos conceptos bíblicos.

Nota también que, con Maslow (que proporciona la excusa), Midge explica que como los otros no han satisfecho sus necesidades amándola, cuidándola, ella es incapaz de hacer nada en la vida. Las categorías que uno acepta estructuran su análisis del problema. Midge depende en gran parte de las nociones de la imagen propia al analizar su situación; y es claro que la aceptación de las categorías que llevan a este análisis no le ha hecho mucho bien. Es posible que Midge no sepa mucho de Maslow o de los puntos de vista de la imagen del yo, pero, como muchos, ha captado las ideas acá y allá, ya que circulan en abundancia en nuestro ambiente cultural.

Ahora bien, ¿cómo vería un cristiano el problema de Midge? Como la Biblia no nos dice en parte alguna que no podemos obedecer a Dios o resolver los problemas a menos que nuestras necesidades hayan sido cubiertas por otro, y como en la Biblia, Dios trata a todos sus hijos igual, dándoles las mismas órdenes y poniendo delante de ellos los mismos estándares, prescindiendo de que uno haya nacido en una familia pía hebrea, que conoce las Escrituras desde la infancia y adora al verdadero Dios Jehová, o que haya nacido uno pagano corintio que está sumido en la idolatría, la prostitución del templo, la mentira, etc., vamos a analizar el problema de Midge de un modo muy diferente. Nuestras categorías cristianas exigen un resultado muy diferente; un resultado que es más esperanzador, porque es de Dios.

Primero tomaremos muy en serio lo que dice de «No soy nada» y «Toda mi vida es un cero a la izquierda». Contestaremos a esto con palabras como las siguientes: «Esto es muy serio; el perder de esta manera una vida que Dios ha dado es una tragedia. Debes tener razones muy buenas para llegar a una conclusión tan radical. Dime algunas de las formas en que has fallado.» Estas afirmaciones, en conformidad con 1.ª Corintios 13:7 —«El amor... todo lo cree»—, colocan la responsabilidad del problema allí donde pertenece: sobre ella. Hemos de tomar en serio su evaluación negativa de sí misma.

Pero hay otras afirmaciones suyas que hemos de contrarrestar. No son afirmaciones de hechos, tales como los que hemos aceptado, sino declaraciones de valor, particularmente las que demuestran, por el lenguaje y la orientación, una interpretación incorrecta, no bíblica, de los hechos. La serie de interpretaciones de su situación tipo Maslow/Adler debe ser rechazada. El hacerlo es crucial; no hay otra manera de: 1) analizar debidamente su situación, 2) honrar a Dios, y 3) darle esperanza y dirección que le permitan hacer algo sobre el problema que tiene.

Además, querremos corregir sus afirmaciones sobre *sentirse* inferior e inadecuada, indicando que ni la inferioridad ni la adecuación son un sentimiento. Uno no se *siente* inferior o inadecuado. Sin duda, Midge se siente pésimamente, pero esto no es debido a que estos factores sean un sentimiento. Se siente *mal* porque se ha *juzgado* inferior e inadecuada. Los malos sentimientos fueron ocasionados por su juicio sobre los hechos.

Vista la cosa así, podemos preguntar: «¿Es el juicio que hace de sí misma correcto, o incorrecto?» Y podemos ayudarla a volver a examinar y evaluar los hechos sobre los cuales está basado su juicio. Si la inferioridad o la inadecuación fueran sentimientos no podríamos hacer mucho sobre ello. No hay manera en que un consejero pueda cambiar «sentimientos» así. Permítaseme tomar uno de sus juicios y analizarlo de esta manera:

Juicio: «Soy inadecuada.»

Si se hace una evaluación cuidadosa de la evidencia, ésta no apoya esta conclusión y ella ha de admitir que está equivocada. Un análisis así va a eliminar los malos sentimientos que desencadenó un juicio falso.

Si una evaluación cuidadosa de la evidencia apoya la conclusión de Midge, entonces ella debe decidir lo que ha de hacer. El próximo paso a dar es preguntar: «¿Es justo o no es justo delante de Dios que yo sea inadecuada en las formas en que lo soy?»

Si es aceptable no ser adecuado en alguna forma (por ejemplo, es aceptable no ser

Si no es justo (por ejemplo, ella puede tener dones que debería usar, pero no lo

97

adecuado en el ring frente a Muhammed Ali), entonces la aceptación de este hecho, los malos sentimientos de culpa deberían desaparecer. Otros malos sentimientos de decepción, lamentación, etc., pueden durar algún tiempo, pero no deberían debilitar, a menos que procedan de ira y orgullo que hacen que desee poder hacer aquello para lo que Dios no la ha capacitado.

hace), entonces el consejero debe ayudarla a hacer un plan para desarrollar y desplegar estos dones. Cuando ella empiece a hacerlo, como resultado de su entrega a Dios, sus malos sentimientos desaparecerán.

Además, cuando vemos su lenguaje exagerado («nadie... nadie») y vemos que echa la culpa a otro (incluso dirigiéndola hacia Dios), su resentimiento hacia otros y su conmiseración y egocentrismo, descubrimos dónde se hallan algunos de los problemas reales de su vida. No tiene los problemas a causa de un concepto pobre de sí misma, sino que tiene un concepto pobre de sí misma a causa de las pautas de vida pecaminosas, impenitentes y las dificultades no resueltas que lo han ocasionado. El problema que tiene no es ni mal concepto de sí misma, ni un mal tratamiento que le hayan dado otros. Más bien es un yo malo (ella sabe que es mala) y un mal tratamiento suyo hacia otros (esto es evidente de sus actitudes de resentimiento hacia ellos) lo que es su dificultad principal. Midge ha vuelto al revés el principio bíblico; en vez de perderse a sí misma por causa de Cristo y su Evangelio, está buscando su propia gratificación. Nunca le llegará de esta manera; la satisfacción es un producto derivado y no se puede buscar y hallar directamente. No es de extrañar que se sienta desgraciada: nunca ha aprendido que «más bienaventurada cosa es dar que recibir». Midge piensa: «Si los demás fueran mejores para mí, yo sería mejor.» Está equivocada. Sin duda, es posible que muchas personas le hayan hecho injusticia, pero esto no es el problema que ella tiene. Su dificultad se halla en la forma equivocada en que ha respondido al daño que le han causado los otros.

Es posible también que esté preocupada por el hecho de ser todavía soltera, aunque se graduó en un *college* cristiano. Es posible que esté airada con Dios porque no le proporcionó un marido. Pero el modo de enfocar los problemas es tal que lo más probable es que aleje a los hombres en vez de atraerlos. Necesita que se le diga que deje de cargar la culpa a otros y la busque en sí misma: es aquí donde está verdaderamente la responsabilidad del cambio. ¿Por qué no ha de considerar Midge —tal como es— que ella es un buen partido para que alguien se arriesgue a casarse con ella?

El análisis cristiano es sincero, directo y estricto (podría, incluso, decirse severo). Pero es preciso, y es por esto que es capaz de dar esperanza, de producir cambio por medio del arrepentimento y llevar a un nuevo estilo de vida. El concepto de uno mismo actual de Maslow/Adler, la postura que Midge ha adoptado, aunque está en línea con muchos análisis paganos, hace precisamente lo opuesto. El problema de Midge es el pecado, y hay que decírselo. Palabras como «concepto de uno mismo», etc., sólo ofuscan la cuestión, creando excusas para el pecado y orientando el pensamiento de uno en direcciones equivocadas. Midge necesita que se le diga la verdad.

Capítulo 11

CÓMO HALLAR LA SOLUCIÓN BÍBLICA

Algunos consejeros hallan más fácil analizar los problemas del aconsejado que descubrir la solución bíblica de los mismos o facilitar el poner en práctica esta solución en una forma bíblica una vez han dado con la respuesta. Pero es imperativo que los consejeros legos sean capaces de todas estas actividades. Si se le puede explicar bien al aconsejado en qué consiste su problema, en lenguaje escritural y conforme a categorías bíblicas, pero se puede hacer poco para ayudarle a salir del mismo, se le deja en una situación muy pobre. Los pasos tercero y cuarto en el cambio que se mencionan en 2.ª Timoteo 3:16 tienen que ver con el salir y quedarse fuera de los estilos y prácticas de vida pecaminosos. Como la Biblia es adecuada para conseguir estos dos objetivos, tienen que aprender la manera de usarla en formas prácticas precisamente para estos propósitos.

Ante todo, como ya he hecho notar, la solución bíblica a un problema es doble: consiste en

1) salir de la dificultad que tiene con Dios y con su prójimo, y
2) enseñarle a mantenerse lejos del problema en el futuro.

El primero de estos objetivos tiene que ver con la confesión del pecado y el perdón, mientras que el segundo corresponde a la dinámica del «ponerse» y «quitarse» mencionada previamente.

La confesión

La confesión es, esencialmente, un *acuerdo*. La palabra griega en el Nuevo Testamento significa «decir la misma cosa.» La palabra se usaba en los contratos y en otros documentos legales para decir «estoy de acuerdo». Los contratantes llegaban a un *acuerdo* y lo registraban y lo etiquetaban como tal. La confesión es un acuerdo con Dios respecto al pecado de uno. Es un reconocimiento formal, en oración, de que Dios es justo al considerar culpable a uno por su pecado. Es una admisión registrada de culpa. El confesor dice: «He pecado; reconozco mi transgresión.» Cuando un aconsejado ve y está dispuesto, y es capaz de articular su problema en términos y categorías bíblicas, entonces (y sólo entonces) está en la posición de *confesar* su pecado. Ningún otro análisis le puede llevar a reconocer sus actitudes y comportamiento como pecado. Si lo confiesa o no, naturalmente, es otra cosa. La negativa persistente a confesar el pecado como Dios manda en Proverbios 28: 13, lleva, finalmente, al fracaso y a la desgracia y al dolor (Dios dice que esta persona «no prosperará»; y la palabra hebrea traducida por «prosperará» significa «alcanzar su objetivo, tener éxito»), y, posteriormente, al uso de la disciplina de iglesia, como ya hemos visto. Pero, para los que confiesan, vemos que la confesión a Dios da lugar al perdón por parte de Él (*cfr.* Sal. 32:5).

El perdón

Algunos se preguntan por qué necesitamos perdón cuando ya hemos sido perdonados en Cristo. La respuesta es clara: el perdón que hemos recibido cuando creímos en Jesús era judicial; Dios nos perdonó *como Juez*. El perdón después del perdón —el perdón que estamos discutiendo ahora— es distinto; no es judicial, sino *paternal*. Notemos especialmente el uso de la palabra Padre en relación con el perdón en Mateo 6:9-15; 1.ª Juan 1:2, 3, 9. Los cristianos necesitan confesar sus pecados a su Padre celestial y recibir su perdón *paternal*. De la misma manera, han de confesar el pecado a todos aquellos a los cuales hayan ofendido y han de buscar su perdón. Entonces, es posible la reconciliación y debe ser buscada hasta que se haya desarrollado una nueva relación.

El cambio

Pero Proverbios 28:13 deja claro que la confesión genuina lleva al olvido del pecado que ha sido confesado. Sólo entonces puede uno esperar la bendición de Dios. La confesión es el reconocimiento del mal; el abandonarlo implica la dinámica del «quitarse/ponerse». Al principio podría parecer que «abandonar» corresponde sólo al aspecto del «quitarse» de la dinámica, pero el hecho es que ningún hábito pecaminoso ha sido quitado verdaderamente hasta que ha sido *reemplazado* por su alternativa bíblica (Ef. 4:22-24). Es por esto que Pablo manda no sólo que el mentir sea «quitado», sino que la verdad sea «puesta» en su lugar (Ef. 4:25); no sólo que el robar cese, sino que sea reemplazado por trabajo duro y dar a los que tienen necesidad genuina (Ef. 4:28). Y así sucesivamente.

La amputación radical

Pero al «quitarse», uno tiene que tomar medidas *contra* el retorno de la pauta pecaminosa, así como para el fomento y progreso de una justa. Es por esto que Cristo nos llama a lo que he descrito como «amputación radical». En Mateo 5:27-30 leemos:

«Oísteis que fue dicho: "No cometerás adulterio." Pero Yo os digo que cualquiera que mira a una mujer para codiciarla, ya adulteró con ella en su corazón. Y si tu ojo derecho te es ocasión de caer, sácalo, y échalo de ti; pues más te conviene que se pierda uno de tus miembros, y no que todo tu cuerpo sea echado al infierno. Y si tu mano derecha te es ocasión de caer, córtala, y échala de ti; pues más te conviene que se pierda uno de tus miembros, y no que todo tu cuerpo sea echado al infierno."»

Hemos de dejar claro al aconsejado que en este pasaje Jesús está diciendo que:

1. Habrá tentaciones futuras a repetir los pasados actos de pecado. Hemos de estar alerta contra esto y vigilar para no pecar.
2. Hemos de estar preparados para hacer frente y derrotar a estas tentaciones cuando vengan.
3. No se puede eximir nada del proceso: ha de ser *radical*. Incluso tu ojo *derecho*, tu pie *derecho* o tu mano *derecha* ha de ser sacrificada si es necesario en esta metáfora. El guardarnos contra la tentación será costoso. Será tan costoso como perder una parte vital del cuerpo. Costará trabajo, puede costar asociaciones (1.ª Cor. 15:33), etc. Los consejeros hacen una mala pasada a sus aconsejados cuando dejan de decirles esto y (en consecuencia) no les llaman a contar el coste.
4. Hemos de hacer todo lo que nos sea requerido, incluso llegar a extremos, para hacer *muy* difícil que el pecado se repita otra vez.
5. Todo lo que realicemos también debe hacernos *conscientes* de la tentación cuando ésta ocurre, de

modo que nos deslicemos inconscientemente al pecado otra vez sin darnos cuenta de ello (el cojear con un pie amputado, dando saltos, para ir al pecado no será cosa fácil, como se puede ver. Naturalmente, Jesús no está defendiendo la amputación *literal*. Lo que Cristo quiere decir es hacer algo que sea tan radical como la amputación para prevenir el pecado futuro).

El consejero debe ayudar al aconsejado a hallar medios y métodos de erigir obstáculos que prevengan la repetición del pecado. Éstos van a diferir en cada caso, de modo que para cumplir el mandamiento de Cristo, el consejero y el aconsejado tendrán que pensar y, a veces, usar creatividad. Es justo decir que muchos aconsejados se quedan cortos en esto; pero los consejeros no pueden. Antes bien, cada consejero debe desarrollar su capacidad para ver necesidades y posibilidades en las circunstancias que ayudarán a sus aconsejados a hacer planes contra fracasos futuros. Cristo estaba interesado en prevenir el pecado futuro; los consejeros, ministrando en su nombre, también deben mostrar este interés.

Examinemos un caso para ver qué clase de cosas se pueden hacer. Bill ha estado envuelto en cuestiones de pornografía. Se arrepiente de su pecado. Ahora, ¿qué debe hacer para guardarse contra ceder a la tentación en el futuro? Hay muchas posibilidades según los particulares de su situación individual, pero hay unas pocas ideas que entran en la estructura preventiva que pueda desear edificar un consejero:

1. Bill tiene que tirar inmediatamente *toda* clase de material pornográfico.
2. Tiene que disociarse de todas las personas que él sabe usan estos materiales, con las cuales los ha cambiado previamente. Debe decirles que se ha arre-

pentido y dar testimonio ante ellas de la voluntad de Jesucristo; en muchos casos esto dará por resultado una ruptura, si no lleva a nuevas conversaciones. Si protesta, explicarle 1.ª Corintios 15:33.

3. Bill debe seguir otro recorrido desde el tren en que conmuta para ir al lugar en que está su empleo, de modo que no pase por la tienda en la que tenía la costumbre de comprar los materiales pornográficos.

4. Debe de hacer una lista del tipo Filipenses 4:8 para pensar, y la llevará consigo en todo momento. En la lista habrá temas que encajen en el criterio de Filipenses 4:8. Cuando su mente empiece a deslizarse hacia áreas prohibidas, debe sacar la lista para pensar y empezará a concentrarse en el primer artículo de la lista. De esta manera comenzará a poner su mente bajo el arnés, y la entrenará a andar por caminos de justicia en vez de dejarla libre para que vaya husmeando los cubos de basura del vecindario. Filipenses 4:8 es como una traílla o correa para la mente.

Puede haber otros factores que haya que incluir en la estructura de Bill contra el pecado (es indudable que en cada caso el número de precauciones a tomar dependerá de las variables), pero estos cuatro dan alguna indicación de la clase de cosas que están implicadas en el proceso de la amputación radical y que será necesario hacer.

Naturalmente, como he dicho antes, no será adecuado meramente el quitar la vieja pauta pecaminosa. Bill tiene que trabajar para llegar a relaciones sexuales más satisfactorias con su esposa, en que se ponga énfasis sobre el dar, no en lo que se puede sacar de las relaciones sexuales (*cfr.* 1.ª Cor. 7:4). En lo sexual, como en todas partes, va a descubrir que más bienaventurada cosa es dar que recibir. Esto, en parte, es el ponerse que ha de reemplazar al quitarse.

Como ya he discutido hasta cierto punto, el ponerse, permitidme hacer sólo un par más de sugerencias:

1. Sugiero que escribas toda pauta pecaminosa que encuentre en tu vida, en la vida de otros, y en los relatos que da la Biblia de ellas. Escríbelo en terminología bíblica, que suponga categorías de pensamiento bíblico en todo lo que hagas.
2. Luego, junto al problema, escribe las alternativas bíblicas a estas pautas pecaminosas cuando las halles, así como las principales referencias escriturales que les correspondan.

Esto lleva ahora a otra cuestión: ¿Cómo encuentra uno el texto escritural apropiado cuando hay una pauta de vida pecaminosa que debe ser contrarrestada? De modo fundamental debe conocer de antemano la mayoría de los principales pasajes, *junto con su significado*, que se refieren a los principales problemas que se ven una y otra vez en el proceso de aconsejar. Este conocimiento sólo viene mediante un estudio regular, intenso, de la Biblia, en oración. Esto significa *preparación*. Pero, dejando aparte la forma en que se prepara, surgirán nuevas situaciones (o las viejas en formas nuevas) que llevarán al consejero otra vez a su Biblia, para estudio adicional. Con frecuencia, cuando tenemos tendencia a volvernos demasiado confiados, Dios nos envía un caso avieso que nos humilla y nos pone de rodillas.

En el apéndice B hay una lista de temas sobre el aconsejar, junto con pasajes clave escriturales que, en una u otra forma, tratan de los temas. He dejado espacio para que se puedan añadir otros pasajes. Sugiero e insisto en que hagas una práctica regular del estudio de estos pasajes, uno a uno, usando comentarios bíblicos y otros tipos de ayuda para familiarizarte bien con ellos. Anota las conclusiones a que llegues en tus estudios, junto con notas sobre las maneras de usar estos pasajes al aconsejar.

Aunque la respuesta que da la solución del problema en sí es importante, no llegarás a ninguna parte a menos que hagas posible que la ponga en práctica el aconsejado. En el próximo capítulo consideraremos esta cuestión.

Capítulo 12

PONIENDO EN PRÁCTICA
UN PLAN BÍBLICO

Las iglesias conservadoras han sido activas para descubrir lo que es malo y aun declarar lo que hay que hacer para combatirlo. Pero han sido muy débiles en decir y mostrar a la gente *cómo* hacerlo. En vez de ello, llevamos a la gente hasta la convicción de pecado (lo cual es justo y digno) y a que se comprometa a un cambio, y luego la dejamos aquí. Esto es trágico, y explica gran parte de los fracasos y apatía que vemos en las vidas individuales y en la vida corporativa de las congregaciones. Además, muchos fracasos en el aconsejar son debidos también a lo mismo. Este capítulo, aunque es sólo una serie de sugerencias, es de gran importancia.

Los puntos débiles de que hablo son un problema en varios frentes. La dificultad que hallamos al aconsejar ocurre con la misma frecuencia al predicar. No es de extrañar que haya tantos sermones —por otra parte excelentes, precisos y aun sustanciales— que son como semilla caída en pedregales. No producen nada, o, en el mejor de los casos, muy poco, a pesar de estar tan llenos de promesa. Nos preguntamos ¿por qué? ¡Se emplea tanto tiempo y esfuerzo para resultados tan escasos! Realmente es mucho desperdicio.

Aunque las causas del fracaso son muchas, estoy convencido de que el factor principal es la falta de instrucción acerca del *cómo* en los sermones y en las sesiones para aconsejar. Cuando los consejeros (así como los predicadores) se despiertan a esta necesidad y empiezan a cubrirla, ven un cambio dramático en los resultados que sacan de sus esfuerzos. Una y otra vez aconsejados apáticos que cobran vida a la mera sugerencia de medios y métodos para poner en práctica los principios bíblicos.

Consideramos un factor en un caso típico, sacado del *Libro de casos del consejero cristiano*, Caso n.º 11:

¿POR QUÉ ESTAR DEPRIMIDO? ERES UN CRISTIANO

«¿De modo que el principal problema por el que necesitas ayuda es la depresión? —dice el consejero—. Vamos a ver lo que se puede hacer, Jim.»

«Bien, estoy esperando alivio pronto», dice el esudiante de segundo año en el *college* (universidad).

«Ante todo, Jim, ¿conoces a Jesucristo como tu Salvador personal?»

«Sí, señor. Soy cristiano desde niño, prácticamente.»

«¿De modo que confías en Él para el perdón de tus pecados y conoces a Dios como tu Padre?»

«Sí, exacto.»

«Bueno, pues, como hijo de Dios, es importante que sepas y medites en las promesas de Dios. ¿Has memorizado alguna vez la Escritura?»

«Bueno, supongo que sé de memoria muchos versículos de la Escritura, pero nunca he realizado un programa a conciencia para memorizar.»

«Bueno, me gustaría que hicieras esto. Filipenses 4:4 dice: "Gozaos en el Señor siempre, otra vez os digo que os gocéis." Cuando empieces a sentirte deprimido recuérdate este versículo. Como cristiano tienes mucho de qué estar contento.»

Debería dejarse claro desde el primer momento que el consejero no sabe lo que ha de hacer. Está interesado en la salvación de Jim, y esto es bueno. Afirma cosas que son verdad sobre el conocimiento y meditación de las Escrituras, y esto está bien. Además, tiene razón al decir que un cristiano no debería estar deprimido, sino gozarse. Todo esto es verdad. Pero si no se dan especificaciones en el sentido de explicar el *cómo*, qué es lo que ha de hacer, se le dan meros *truismos* o verdades de cajón. Lo que le interesa a Jim es saber *cómo* se saca la depresión. *Cómo* aprender a gozarse. Y cómo meditar. Todo esto, y una serie de cuestiones similares, ha quedado colgando; el pastor no ha realizado ningún intento de explicar nada de esto a Jim. Es indudable que el pastor tiene buenas intenciones, pero ha preparado el terreno para que Jim fracase. Le ha dicho lo que ha de hacer, pero esta instrucción y exhortación abstracta no va a servir de mucho. Jim necesita instrucciones específicas, no sobre lo que ha de hacer —esto, lo más probable es que ya lo sepa—, sino *cómo* ha de realizarlo. El consejero le ha fallado a Jim.

Dejando al margen los puntos específicos del caso, y poniendo énfasis sobre la exhortación a la meditación, permítaseme hacer algunas observaciones. El pastor asume que el aconsejado entiende lo que es casi seguro que no entiende. ¿Cuántos cristianos tienen ideas claras sobre qué es la meditación? Si la meditación es útil para Jim (o cualquier otro en el aconsejar), entonces el pastor debe dedicar tiempo para explicarle:

1) Qué es meditación.
2) Cómo se relaciona con el problema (depresión o lo que sea).
3) *Cómo* meditar (en detalle).

111

Como esto se hace raramente, podría ser importante el bosquejar una idea o dos sobre el tema. Además, la meditación misma, como veremos, está íntimamente relacionada con el *cómo* sobre el cual estamos hablando. Para empezar, tendría que distinguir entre la meditación bíblica y la M.T. (meditación trascendental) o cualquier otra forma similar de meditación practicada y fomentada hoy. Éstas se enfocan sobre la atención en uno mismo. La cristiana, en cambio, medita sobre la verdad bíblica. Enfoca su atención sobre Cristo y su enseñanza. La meditación cristiana no es un arrobamiento; es pensar, pensar profundo: sobre la verdad, sus implicaciones, su puesta en práctica. La meditación cristiana implica pensamiento racional sobre contenido.

Las dos palabras principales para *meditación* en la Biblia significan «susurrar o balbucear», o «hablar a uno mismo». La meditación es un proceso de pensamiento (no de sentimiento) mediante lenguaje que tiene lugar en el corazón (o vida interior). En la meditación, un cristiano discute *en una forma intensiva* consigo mismo varios hechos bíblicos. Hay que enfatizar en esta «forma intensiva». Algunas veces hablamos de cosas con nosotros mismos y llegamos a una rápida decisión. Esto no es meditación. La meditación es pensar de modo cuidadoso, detallado, que da la consideración más plena posible a lo que se está pensando. Y, como hemos notado, esto tiene lugar todo en el corazón (Sal. 19:14; 49:3; Is. 33:18), que es la persona interior (1.ª Ped. 3:4) que vive, piensa, habla (Sal. 14:1) a sí mismo ante Dios (1.º Sam. 16:7).

Además, como uno de los términos hebreos para meditación (el Antiguo Testamento fue escrito en hebreo) indica, la meditación se refiere a un hablar de uno consigo mismo *que es productivo*. Esta meditación interior sobre las Escrituras es como un árbol con recursos internos que le hacen brotar y, finalmente, florecer. Así que el propósito de la meditación es producir varias respuestas en la vida externa (Jos. 1:8; Prov. 15:28). Un cristiano medita, no para conseguir paz, calma o sentido de tranquilidad, como piensan muchos. La meditación, en realidad, puede ser muchas veces causa de turbación, inquietud (Is. 33:18). La meditación no está orientada hacia los sentimientos; es un proceso de razonamiento interior concentrado, enfocado, que lleva a la acción exterior. Como dijo Dios a Josué (Jos. 1:8), el éxito en el cumplimiento de la ley de Dios depende de ello. El proceso en sí no tiene valor ni mérito, ni busca realizar algo subjetivo para la persona que medita. No; es una experiencia interior, pero una experiencia designada para obtener resultados objetivos. ¿Qué resultados?

El que medita, como Jos. 1:8 deja bien claro, quiere entender cómo relacionar la verdad bíblica a la vida. No va a contentarse con una mera lectura de la Biblia, memorización de la misma y archivar hechos. Su deseo ardiente es volver una verdad, una y otra vez, de uno a otro lado, hasta que la conoce en todas las formas que es posible conocerla. Es intentar examinarla desde todos los puntos de mira, como se miran las refracciones irisadas de la luz que saltan de cada faceta de un diamante. No va a soltar la verdad a menos que le bendiga a él. Quiere conocer esta verdad en toda su longitud y amplitud en su propia vida. No está satisfecho con intelectualizar meramente los datos escriturales; piensa a fondo en sus implicaciones y estudia las maneras de ponerlas en práctica. Pasa tiempo en hacer planes de las formas en que ha de aplicarla a la vida cotidiana. La meditación es un proceso de profundización en la comprensión y la planificación.

Es curioso que el pastor sugiriera meditación, pero probablemente tenía muy poca comprensión de lo que es. La meditación es lo que tanto Jim como el pastor necesitan. Pero como el pastor mismo era débil en este punto (los seminarios, por desgracia, no tienen cursos sobre meditación), no podía decirle a Jim *cómo* meditar.

La meditación, pues, es una forma (y quizá la principal) de llegar a sugerencias prácticas del tipo *cómo* para poner la verdad en la práctica.

¿Cómo se medita? Uno piensa: durante el día, en la cama por la noche y al crepúsculo, durante las horas regulares puestas para pensar (Sal. 1; Gén. 24:63). Toma una porción destacada de las Escrituras y, habiéndola estudiado en su significado histórico y gramatical, entonces uno empieza a preguntarse:

¿Qué significa esto para mí?
¿Cómo va a cambiar mi vida?
¿Qué cosas concretas debo hacer sobre ello?
¿Cómo puedo conseguir realizar estas cosas?

Y lo sigue haciendo, como indicamos antes, *hasta que uno halla o produce lo que busca*. Las ideas vienen y los pensamientos rebosan, los planes cuajan y el querer emprender y hacer lo que la Biblia requiere surge desde dentro como un manantial. No basta con hacer estudios exegéticos y doctrinales de la Biblia, por más que sea importante tanto para todo consejero miembro de iglesia como para su pastor; tiene que aprender a pensar sobre el *cómo*. Mientras un consejero, él mismo, no haya aprendido los secretos de la meditación, nunca podrá instruir a otros a aconsejar. Éste era el problema del pastor de Jim.

Hacer planes

Cuando un consejero descubre qué problema tiene el aconsejado, ha encontrado la solución bíblica al mismo, y luego le puede ayudar a meditar en formas que integren y pongan en práctica esta solución en su vida;

lo que ha hecho se expresa por medio de las palabras: un plan. Es raro que se puedan resolver los problemas o que las soluciones sean aplicables a la práctica sin contar con un plan. Dios hace planes y horarios para su trabajo, como muestran las profecías claramente; ¿quiénes somos nosotros —creados a su imagen— para creer que podemos pasarnos sin hacerlos?

Todo plan de este tipo contendrá probablemente, por lo menos, estos elemenos:

1. El objetivo u objetivos bíblicos que hay que alcanzar serán detallados, comprendidos y articulados claramente (a veces por escrito) por el consejero y el aconsejado. Se pondrán de acuerdo en que están conformes sobre ellos; el aconsejado expresará su deseo de alcanzarlos, así como su compromiso en hacerlo por la gracia (ayuda) de Dios. Mientras no se haga esto, el aconsejar estará empantanado; no pasará del estadio de la intelectualización sobre el problema. Sin objetivos claros, bíblicos, el compromiso es imposible. Son demasiados los consejeros que se contentan con objetivos nebulosos, medio entendidos, sólo aceptados en parte. El hacerlo es cortejar el fracaso y la decepción. Naturalmente, el objetivo final en todo esto es el honor de Dios. Es de suponer que este objetivo fue discutido al comienzo con el aconsejado al hablar de los planes.

2. Los objetivos deben ser divididos en objetivos a corto plazo y a largo plazo. Los primeros son los objetivos que, cuando se alcanzan, significan el fin del proceso de aconsejar. Los últimos son los objetivos que son pasos esenciales en el proceso de realización de los objetivos a largo plazo.

   Un objetivo en el aconsejar puede ser que un matrimonio sea agradable a Dios. Un objetivo a largo plazo puede ser el acuerdo y funcionamiento sexual que es bíblico y satisfactorio. Un objetivo a corto plazo puede ser el aprender a satisfacer al cónyuge en el juego previo al contacto sexual. Los objetivos a corto plazo son postes o marcas en el recorrido hecho por los que se pueda juzgar si hay progreso o no lo hay.

3. La forma de hacer posible poner en práctica la solución que ha de estar incorporada en el plan. De otro modo, es como un hermoso automóvil sin motor. Aquí se halla el punto en que muchos yerran. Esta puesta en práctica va a incluir:

   a) horarios: se harán acuerdos sobre días y horas específicas, y los asuntos serán puestos en orden según la capacidad presente y las prioridades;
   b) medios y métodos: detallados, concretos;
   c) técnicas: conocidas y, cuando sea necesario, demostradas o practicadas;
   d) pasos y procedimientos: precisados con claridad.

Consideremos ahora un ejemplo. Bill y Barb se han separado. Solicitan que se les aconseje. El objetivo del aconsejar es reedificar su matrimonio sobre una base cristiana sólida. Los objetivos a largo alcance incluirán cosas como el establecimiento de una buena comunicación sobre bases bíblicas. Aquí hay algunos de los objetivos a corto plazo que serán la base del trabajo asignado para casa en la primera sesión. Estos objetivos pertenecen a la semana siguiente:

1. Reconciliación por medio de la confesión de pecado y concesión mutua de perdón: debe hacerse inmediatamente, puesto que los dos están arrepentidos.
2. Bill ha de regresar a casa: inmediatamente después de la reconciliación.
3. Luego, Bill y Barb harán cada cual su lista que con-

tenga por lo menos 100 artículos. Estas listas han de indicar todas las maneras en que han fallado a Dios y al otro como personas, como marido y mujer y como padres. Los puntos serán concretos, específicos y no abstractos. Cada uno leerá al otro la lista, *sin comentarios ni discusiones*. Las listas serán traídas en la siguiente sesión para aconsejar. Aquí está el mismo comienzo de la comunicación.

4. En vez de intentar resolver los problemas que aparezcan durante la semana (no se ha desarrollado aún la capacidad de hacerlo), han de escribir todos los problemas en detalle y traerlos a la próxima sesión, para discutirlos.

Los cuatro puntos anteriores son ejemplos del tipo de cosas que pueden hacerse. Nótese: cada uno está bien especificado, con los horarios y con las órdenes marcados y precisados, y se prevé la posibilidad de fallo y discrepancias y se toman medidas respecto a las mismas. Se adoptan medidas temporales cuando hay esta falta de capacidad. Cada sesión posterior requerirá unos planes similares.

El planear debe ser flexible, no rígido. Pero no ha de ser tan flexible que no exista virtualmente. Los planes tentativos para la sesión número 2 es posible que tengan que ser eliminados, por ejemplo, si Barb no permite a Bill que regrese a casa durante la semana. Entonces, habrá que hacer una nueva serie de objetivos a corto plazo, concentrándose en este punto en detalle. De esta forma, a veces es necesario dar un paso hacia atrás para permitir, finalmente, que el aconsejar vaya delante.

Adquirir compromisos

A lo largo del proceso habrá puntos en que el hacer planes implicará el adquirir compromisos. Hasta que

los dos implicados se comprometan del todo a una solución dada, y al plan por medio del cual esto ha de realizarse, el fracaso es inevitable.
El compromiso implica:

1. Una comprensión completa y precisa de *todos* los detalles de los objetivos a corto plazo y a largo plazo (incluidos todos los procesos y procedimientos respecto al *cómo*).
2. El deseo de alcanzar todos los objetivos con miras a agradar a Jesucristo.
3. La oración: pedir a Dios que provea la sabiduría y la fuerza necesarias.

Permítaseme concluir insistiendo en que has de dedicar el tiempo requerido para incluir en los planes el modo de ponerlos en práctica. Requiere tiempo. Pero, de hacerlo, a la larga se ahorrará tiempo y sufrimientos.

Capítulo 13

LA PROSECUCIÓN PASO A PASO: LA REALIZACIÓN DE LOS PLANES

Hasta ahora hemos hablado de hacer un análisis bíblico del problema, hallar una solución bíblica y construir un plan especificado para poner en práctica esta solución. Ahora vamos a hablar del asunto de proseguir y comprobar la acción a través del tiempo.

Cuando uno que juega al golf o al baloncesto lanza la pelota, pone en marcha un curso de acción que incluye no sólo la preparación y el lanzamiento, sino también el seguir la cosa hasta el fin. De modo similar, cuando la pelota ha sido lanzada por el aconsejado, ni él ni el consejero han terminado la tarea.

La *prosecución* es lo mismo que el seguir la *trayectoria*. La prosecución implica el comprobar el progreso que hace el aconsejado. La prosecución tiene que ver no sólo con la actividad del *aconsejado*, sino también con la actividad continuada del *consejero* durante todo el período después del lanzamiento. La prosecución incluye la actividad posterior, pero es más que esto en su objetivo.

Está bien explicar, es importante planear y esencial el desarrollar los métodos y medios para realizar el plan, pero a menos que el consejero siga hasta el punto de su terminación con éxito (esto es, con éxito en conformidad con los estándares bíblicos), en unos pocos meses (o semanas) el aconsejado puede estar de vuelta en el despacho. O, lo que es peor, el aconsejado puede desanimarse y dejarlo todo.

¿En qué consiste la prosecución, y qué implica? La prosecución puede resumirse en dos afirmaciones:

1. La prosecución implica supervisión.
2. La prosecución implica enseñanza y entrenamiento.

Voy a considerar primero

La supervisión

Ya hemos hablado de la supervisión en términos de controlar, un controlar persistente, obtener datos que nos informen de lo que está ocurriendo. Aquí deseo ampliar este punto un poco. Son de gran significado para el aconsejar las palabras de David en el Salmo 32:8:

«Te haré entender, y te enseñaré el camino por el que debes andar; sobre ti fijaré mis ojos.»

Resumiendo, en estas palabras se halla todo lo que quiero decir en este capítulo sobre la prosecución. Pronto verás en las palabras de David los dos elementos que constituyen la prosecución: la supervisión y la instrucción.

Veamos primero la supervisión: es decir, el aconsejar a otro *con el ojo puesto encima de él*. La frase usada aquí es similar a la del versículo «sobre ti fijaré mis ojos». En realidad, nuestra expresión es posible que vaya a este origen. La idea del versículo tiene que ver con alguno que da instrucciones a otro y luego fija la vista sobre él para *observar* y ver: 1) si realmente las sigue, 2) si las sigue de modo correcto, 3) si las sigue bien y 4) si continúa siguiéndolas bien. Luego obra en consecuencia de lo que ve.

Con frecuencia, los aconsejados *dirán* que harán algo que se les indica, y ellos incluso tienen intención de hacerlo, pero cuando las cosas se vuelven difíciles, renuncian a ello. Esto puede destruir varias semanas de aconsejar provechoso. Pero si saben que el consejero les sigue, que *todas* las asignaciones de casa son *comprobadas* siempre, que se verán obligados a dar explicaciones satisfactorias de todo fallo en hacer las asignaciones, y que tienen a disposición toda clase de ayuda legítima, este conocimiento les ayudará a seguir adelante a pesar de las dificultades que puedan aparecer.

Al fin de su salmo de condición, después que David ha hablado de su propio pecado, por su misma experiencia se ofrece para aconsejar a otros. Es evidente que sus problemas le habían enseñado que la supervisión es de importancia crucial. Ésta es la forma en que él lo presenta.

Por otra parte, la mayoría de los aconsejados se quedan atascados en algún punto a lo largo del camino. Muchas veces, creen que están siguiendo las instrucciones, cuando, de hecho, las han leído mal o las aplican mal. El consejero que supervisa puede rectificar su dirección antes que haya ido demasiado lejos o desarrollado pautas falsas. Otros pueden seguir por una dirección dada hasta que se encuentran con dificultades imprevistas, sobre las que no han recibido instrucciones. Los consejeros que supervisan pueden intervenir y dar la instrucción que necesitan.

Además, la supervisión permite al consejero animar al aconsejado que va bien, indicarle por qué le alcanzan determinadas bendiciones, etc. Y, al hacerlo, puede ayudar al aconsejado a aguzar y a refinar sus respuestas, de modo que la ejecución de la tarea que tiene entre manos sea más hábil.

No creo que sea necesario elaborar más sobre el valor y los beneficios de la buena [1] supervisión (una palabra que, incidentalmente, tiene conexiones etimológicas con la idea de *tener la vista sobre otro*). Sin duda, estos breves comentarios van a estimular muchos otros pensamientos similares en la mente de todo consejero serio. Sin embargo, el otro elemento en la prosecución del aconsejar —la enseñanza y el entrenamiento— es posible que no sea tan evidente.

La enseñanza y el entrenamiento

«Yo creía que ya había enseñado al aconsejado todo lo que necesita saber *antes* de ponerle en un curso de acción dado», es posible que objetes. Naturalmente, tienes que enseñarle todo lo que puedas sobre la asignación que tiene delante. Pero hay muchas cosas que no pueden enseñarse hasta que uno está envuelto en la acción, y a veces hasta que está completada la tarea. El pensar que la enseñanza en el aconsejar es todo teoría, todo trabajo cerebral sobre la pizarra, antes del partido o competición, es un error serio que hay que rectificar. Ningún entrenador de fútbol, o maestro de piano o instructor de natación haría una cosa así; ¿por qué han de hacerlo, entonces, los consejeros cristianos? En vez de esto, los entrenadores dicen algo como: «Tienes que poner más la espalda en este ataque»; «Sally, lo hiciste muy bien esta vez; pero los acordes tienen que salir más limpios». O sea que, después del partido o en el descanso, el entrenador explica, corrige, enseña. El consejero, entre otras cosas, es un entrenador. Sabe que

1. La supervisión pobre es quisquillosa, el supervisor se precipita a criticar, nunca deja a los aconsejados luchar o fallar, etc.

David tiene razón: tiene que haber instrucción y entrenamiento en la manera de andar (*cfr.* también el cuarto factor en 2.ª Tim. 3:16). El entrenar implica instrucción y ánimo durante todo el período.

Este entrenamiento y enseñanza consisten en corrección, práctica y generalización.

La corrección y el refinamiento de la práctica es un elemento de la enseñanza que es demasiado evidente para darlo en detalle. Ya lo he mencionado acá y allá bajo la supervisión.

La práctica en el desarrollo de nuevas pautas de vida (*cfr.* Heb. 5; 2.ª Tim. 3) es también esencial y ha sido discutida en el capítulo 3.

La generalización es, quizás, una idea nueva. Voy a explicarla. Hasta que uno ha aprendido no sólo cómo aplicar un principio bíblico al problema específico del aconsejar al cual se dirige, sino también cómo generalizar, o sea, aplicarlo también a otros problemas específicos, lo más probable es que no haya aprendido todavía a usar el principio bíblico.

Pongamos el caso, por ejemplo, de una mujer que usa el principio de 2.ª Corintios 4, que nos alienta a seguir las responsabilidades más bien que los sentimientos, para tratar la depresión que resulta de descuidar los deberes. Habiendo dominado con éxito esta aplicación, más tarde fue capaz de usar el principio en una circunstancia enteramente inesperada. Su hermano no salvo estaba muriendo en el hospital. La mujer se preguntó: «¿Cuál es mi responsabilidad hacia él?» (No, «¿qué siento?») Vio inmediatamente que tenía que dar testimonio a su hermano, tanto si se sentía con ánimo como si no. Dio testimonio y el hermano profesó fe en Cristo. Por el hecho de que durante el período en que fue aconsejada la mujer aprendió a generalizar el principio a otras situaciones, cuando su hermano se puso enfermo unos meses después, ella pudo seguir usando el principio. La prosecución llevó a la continuación.

Así que para asegurarnos de que los problemas: 1) están resueltos, 2) están resueltos bien y 3) seguirán siendo resueltos, el consejero debe dedicar el tiempo necesario a un período de prosecución (al cual el consejero estimula al aconsejado a que se comprometa él también). De nuevo, para hacerlo debidamente requiere el compromiso del consejero y el aconsejado, los dos. Explica al aconsejado por qué es necesario pasar otras dos o tres semanas después que ha conseguido alivio y él quiere dar la cosa por terminada: «Yo ya podría dar la cosa por terminada ahora, pero lo más probable es que tuvieras que regresar al cabo de unos meses. Es importante que aprendas la manera de evitar problemas en el futuro y a resolver los que no se pueden evitar. Quiero que estés seguro de que sabes cómo usar los principios bíblicos con los que hemos venido trabajando, para hacer frente a las nuevas situaciones que vas a encontrar.»

Capítulo 14

EL USO DEL TRABAJO DE CASA

De vez en cuando he mencionado el uso del trabajo de casa. Francamente, ¡no me importa cómo se le llama, con tal que *no* le llames trabajo de casa al aconsejar a los chicos y chicas que van a la escuela! Para ellos puedes usar la expresión «proyectos», o lo que quieras. El trabajo que llamo «trabajo de casa» es un trabajo que procede de la fe.

Cuando un aconsejado llega a creer que alguna enseñanza de las Escrituras se aplica a su vida en una forma particular, se ve obligado a ponerla en práctica de modo que pase a ser operante en la vida diaria y, de modo especial, para alcanzar la solución de sus problemas. Más que esto, si ama a Jesucristo, tendrá *interés* en hacerlo para agradarle aun cuando sus sentimientos vayan en dirección contraria. La fe lleva a las obras. El trabajo de casa es parte del trabajo motivado por la fe.

Cuando se ha analizado un problema bíblicamente y se ha hallado su solución bíblica, es necesario trabajar para poner las condiciones de llevar a la práctica esta solución. De otro modo, todo el esfuerzo no es nada más que un ejercicio intelectual improductivo. Esta intelectualización no acarrea cambio para bien. El trabajo de casa es el que produce, en este caso, la diferencia. Los consejeros bíblicos han hallado que el trabajo de casa es una de las fuerzas más vitales y efectivas con que pueden contar en el aconsejar. Pero toda asignación de trabajo de casa debe ser aceptada y hecha como un trabajo para Dios, invocando y contando con el Espíritu Santo para que capacite al aconsejado a cumplirlo en la forma que Dios quiere y para su honor.

En resumen, permítaseme hacer unas pocas sugerencias importantes respecto al trabajo de casa:

1. *Usar el trabajo de casa cada semana.* Empezar asignando trabajo para casa en la primera sesión. Siempre hay algo —no importa que sea pequeño— que el aconsejado puede hacer sobre sus problemas en cualquier momento. Búscalo; asígnaselo. Nadie que ha encontrado a Jesús tuvo que alejarse de Él siendo la misma persona; Él podría cambiarle aquel mismo día en alguna forma. El consejero bíblico que presenta a los aconsejados a Cristo y los introduce en su Palabra puede (en realidad, *debe*) procurar la misma cosa en cada sesión.

En las sesiones primera o segunda un aconsejado puede recibir asignaciones designadas a

> 1) revelar más datos («comprueba tus finanzas y traer el presupuesto del mes pasado»; «registra toda situación en que hayas perdido los estribos o llegado muy cerca»);
> 2) llegar al arrepentimiento, confesión o compromisos requeridos para seguir adelante («pide perdón a Dios cuando de veras lo desees, entonces ve a ver a Bárbara y pídele que te perdone ella también»);
> 3) ayudar a examinar la vida («haz una lista de todas las formas en que has fallado a Dios y a otros como persona, como marido, como padre y como empleado»).

2. *Establecer pautas de expectativa de cambio desde el comienzo.* Las asignaciones del trabajo de casa han de ser una señal clara de que tienen estas expectativas. Naturalmente, no puedes hacerlo todo bien desde el principio y súbitamente. Tienes que establecer prioridades según el conocimiento, la capacidad presente, factores en serie («no puede haber eso hasta que se haya realizado esto otro»), y así sucesivamente. Cuando se realiza algo desde el principio —incluso asignaciones simples, pequeñas—, la esperanza empieza a crecer para todos los afectados. Los cambios pequeños en el comportamiento pueden llevar a cambios grandes en la actitud del aconsejado y otros afectados con él. Si no se establece una pauta de cambio desde la primera sesión,

1) será difícil continuar el aconsejar («¿Por qué volver? ¡No pasa nada; todo es hablar!»);
2) la esperanza pronto va a menguar («No vamos a ninguna parte, después de todo»);
3) más tarde tendrás que deshacer pautas que habrás establecido tú mismo («¿Qué quiere decir "trabajo de casa"? Yo creía que todo lo que tenía que hacer era hablar sobre el problema»). No evitar esto es muy insensato.

3. *El trabajo de casa te ayuda a evaluar a los aconsejados.* El relato del joven rico (Mat. 19:16 y ss.) es un ejemplo excelente. Cuando se le dio trabajo de casa: «Ve, vende todo lo que tienes...» se fue triste. No quiso saber nada de aquel consejo. En tanto que pudiera intelectualizar sobre puntos de teología en la ley, estaba dispuesto a quedarse y escuchar. Cuando la teología de Cristo apretó demasiado, se marchó. No iba en serio. No era bueno, aunque pensaba que lo era, porque su respuesta a la asignación del trabajo de casa reveló que amaba a las riquezas más que a Cristo. De modo similar, hallarás pronto quién va en serio y quién no. No vas a perder tiempo cuando uses el trabajo de casa.

Además, el trabajo de casa puede dar lugar a la convicción de pecado.

El estar escuchando por teléfono a Mary, semana tras semana, mientras va recitando sus problemas, etc., es un error. No sólo es un pecado el permitirle que murmure de su marido de esta manera, es contraproducente. Dile lo que ha de *hacer* sobre sus problemas, lo que Dios requiere, y pronto vas a recibir menos llamadas: 1) porque al hacer el trabajo de casa tendrá menos problemas y no habrá necesidad de hablar, o bien 2) buscará otro a quien llamar que le escuche, aunque no le ofrezca soluciones bíblicas. En todo caso, tú habrás ganado un par de horas cada semana.

4. *El dar el trabajo de casa por escrito deja claras las expectativas.* Los aconsejados, con frecuencia, se hallan en un estado muy emocional cuando están en la sesión de aconsejar. Como resultado se les escapa un punto, olvidan otro e interpretan mal un tercero. Escribe las asignaciones en *detalle*. Si hay dudas sobre si un aconsejado entiende tus palabras, especifícalo bien, subraya, escribe lo opuesto («Esto *no* significa que...»), poniendo las cosas en orden («Haz esto *primero*»), etc. El trabajo de casa, escrito, evita discusiones entre los aconsejados («Él dijo...», «No, lo que dijo fue...»). Nunca hay que dar a los aconsejados ocasión de más discusiones. Ni tampoco discuten los aconsejados contigo cuando les dejas bien claro lo que han de hacer («Aquí está escrito»). Al final de la sesión, antes de la oración final, siempre es bueno leer las asignaciones del trabajo de casa:

1) para asegurarse de que han quedado claras para todos;
2) para asegurarse de que hay una aceptación básica y el compromiso de hacerlo.

5. *Un libro de trabajo de casa escrito es un recordatorio constante.* La presencia de un libro en la posesión del aconsejado es con frecuencia un tipo del consejero en la casa, que estimula y recuerda al aconsejado sus obligaciones durante la semana. Más de una vez los aconsejados me han dicho que se sintieron estimulados por el libro en sus esfuerzos, y que les recordó sus compromisos con Cristo.

6. *El trabajo de casa acelera el aconsejar.* Los cambios que Dios requiere de los aconsejados no están confinados a las sesiones de aconsejar, cuando se designan para el período que queda entre sesión y sesión. Naturalmente, hay algunos cambios —especialmente en cuanto a modo de pensar, actitud y compromisos— que se realizan durante las sesiones. Pero los múltiples cambios en las relaciones, el crecimiento en la adopción de nuevas pautas, etc., que son tan cruciales para el aconsejar, ocurren durante la semana, en las situaciones reales de la vida. Además, en una cosa tan simple como el recoger datos, en una semana un aconsejado puede recoger y poner en forma condensada tantos datos como tú podrías extraer en cinco o seis sesiones de trabajo. ¿Por qué perder tanto tiempo?

7. *El trabajo de casa elimina la dependencia del consejero.* Cuando el enfoque del aconsejar es sobre la forma en que el aconsejado va a vivir ante Dios y su prójimo durante la semana próxima, en vez de en lo que el «experto» puede hacer durante la hora mágica, entonces esto

> 1) traslada el centro de la responsabilidad para el cambio desde el consejero al aconsejado, y
> 2) enseña al aconsejado a depender de Dios más bien que del consejero.

8. *El trabajo de casa es una vara de medir.* Es fácil que consejero y aconsejado se engañen respecto al progreso que se hace (o no se hace) en el aconsejar. El leer las asignaciones previas puede dar una buena idea de hasta qué punto el aconsejado ha progresado en cualquier momento dado. De esta forma, se puede aplicar ánimo, esperanza, advertencia, reprimenda, etc., a la situación a base de evidencia factual («¿Qué quieres decir con "No he hecho nada"? Mira estas 15 asignaciones que has hecho. Ahora, naturalmente, si hay algo que no me has dicho, que crees que deberías hacer, me gustaría mucho que me lo dijeras»).

9. *El trabajo de casa proporciona una guía personalizada como referencia.* Los aconsejados, más tarde, pueden volver a leer el libro de trabajo de casa con regularidad, a fin de evitar recaídas futuras; pueden ir a él en momentos críticos de tentación para tener ayuda y usarlo de vez en cuando para desenredarse de problemas en los que hayan caído.

En resumen, se puede ver que el trabajo de casa es un elemento muy importante en el aconsejar. Cada consejero debe aprender a adaptar los principios bíblicos a la práctica, en formas concretas y creativas a las peculiaridades de la situación de cada aconsejado. Después de un tiempo va a desarrollar un repertorio de asignaciones básicas que, haciendo variaciones en los temas, hallará que son útiles una y otra vez.

Pero, de modo regular, el consejero va a encontrar allí mismo circunstancias que exijan asignaciones nuevas, que no ha usado nunca. Un buen lugar para descubrir un gran número de asignaciones útiles es la obra de Wayne Mack, *A Homework Manual for Biblical Counselors*, vols. I, II.[1]

1. Disponible a través de C. S. S., 1790 E. Willow Grove Ave., Laverock, PA, 19118. Estados Unidos.

Capítulo 15

PROBLEMAS FRECUENTES

En este librito no es necesario ni útil mencionar gran número de problemas; es un libro de texto elemental. Por tanto, he decidido discutir sólo seis en las siete áreas en que creo que los consejeros miembros de iglesia es más probable que encuentren dificultades. Son:

1. Problemas matrimoniales.
2. Problemas de familia.
3. Problemas de guía y orientación.
4. Problemas de depresión.
5. Problemas de ira.
6. Problemas de perdón.
7. Problemas de disciplina.

Como ya he tratado de la disciplina en un capítulo previo, omito aquí la discusión. Y, debido a la proximidad de los temas, combino mi discusión de los apartados 1 y 2.

Además, más bien que intentar tratar cada tópico de modo extenso, prefiero considerarlo de modo conciso, indicando algunos de los principios y prácticas pertinentes esenciales a cada uno. Pero, recuerda, lo que hago aquí es más sugerir que tratar a fondo. Recuerda esto. Para más detalles hay que ir a los otros libros.

Matrimonio y familia

Simplemente voy a repasar algunos de los principios más importantes que el consejero ha de saber para poder tratar los problemas del matrimonio y la familia. No puedo establecerlos aquí en su base bíblica, aunque lo he hecho en otros puntos. De vez en cuando haré notar alguna referencia bíblica clave.

Los problemas del matrimonio surgen de: 1) malentendidos en el matrimonio, 2) actitudes y prácticas egoístas, y 3) fallo en saber la forma en que poner en práctica y guardar los compromisos bíblicos con Dios y el cónyuge, o mala voluntad en hacerlo.

El consejero cristiano ha de entender y estar preparado para afirmar las verdades siguientes:

1. El matrimonio no es de origen humano, sino que fue ordenado por Dios, el cual lo
2. Instituyó como el bloque primario y fundamental de toda sociedad humana, incluido el gobierno político y la iglesia.
3. Fue ordenado, no para proporcionar actividad sexual legalizada, o para propagar el género humano (el matrimonio es más que el procrear), sino que
4. Fue instituido para resolver el problema de la soledad (Gén. 2:18). También
5. Como un arreglo pactado (Prov. 2:17; Mal. 2:14), que es realizado por contrato (no por fornicación), y
6. Puede referirse de modo propio como *El pacto de compañerismo* (Prov. 2:17; Mal. 2:14), en el cual
7. Dos personas prometen proporcionar compañía del tipo más íntimo el uno al otro (Gén. 2:25; 2:18), incluyendo relaciones sexuales, en las cuales

8. Cada uno procura satisfacer las necesidades del otro más bien que buscar su propio placer (1.ª Cor. 7:3-5), y por el cual

9. Crían hijos santos para el Señor (Gén. 1:28; 1.ª Cor. 7:14).

10. Los hijos y el trabajo nunca deben ponerse delante del cónyuge.

11. La relación matrimonial es permanente (Mat. 19: 6), mientras que la relación padres-hijos es temporal (Gén. 2:24) y tiene que interrumpirse cuando

12. El hombre deja a su padre y a su madre y se une íntimamente a su esposa de tal modo que

13. Pueden ser llamados «una carne» (esto es, una *persona*; Ef. 5:22-33; Gén. 2:24).

14. Cuando un hombre falla en separarse de modo claro de sus padres, el matrimonio resultante sufre y la esposa se enfrenta con sus suegros y cuñados.

15. Un marido ha de asumir las obligaciones de liderazgo amoroso como cabeza de este hogar (Ef. 5: 22-33).

16. Usando toda la ayuda que su esposa puede darle para tomar las decisiones, así como de otras formas (Gén. 2:18).

17. Ella ha de someterse a él (Ef. 5:22-24; 1.ª Ped. 3:1) en todos los puntos sobre los cuales Dios le ha dado autoridad en el hogar;

18. Esta sumisión consiste en respeto y obediencia (Ef. 5; 1.ª Ped. 3).

19. El pacto matrimonial sólo queda interrumpido por la muerte y el divorcio, y

20. Un divorcio pecaminoso (todos los divorcios son ocasionados por el pecado, pero no todos son pecaminosos; *cfr.* Jer. 3:8) rompe el matrimonio, aun cuando no debería haber sido así (Deut. 24:1-4; 1.ª Cor. 7:10, 11).

21. La separación no es bíblica (1.ª Cor. 7:5), y el di-

vorcio entre creyentes es sólo legítimo en casos de pecado sexual (Mat. 5:19), mientras que

22. El divorcio de un creyente con un no creyente puede ser legítimo cuando el no creyente quiere dar por terminado el matrimonio (1.ª Cor. 7:15). De otro modo, el creyente debe continuar en el matrimonio (1.ª Cor. 7:15).

23. En todos los demás casos, por medio de la reconciliación y la disciplina de la iglesia (Mat. 18:15 y ss.), es posible resolver las diferencias entre los creyentes.

24. Los hijos han de ser criados en la clase de disciplina y consejo que Dios usa para criar a sus propios hijos (Ef. 6:4), y

25. La vara (castigo corporal) y la represión (consejo espiritual) deben ser usadas (Prov. 29:15).

Estos 25 principios, junto con muchos otros, han sido representados con más detalle en mis otros libros, en que hay una exposición de las referencias bíblicas.

Guía

Hay mucha información deficiente, consejos confusos y que confunden, y simple error que se propone como guía para los creyentes. Por ejemplo, las dos referencias bíblicas a ser «guiado por el Espíritu» no tienen nada que ver con la guía y el adoptar decisiones. Ambas se refieren a la santificación, el proceso de andar en rectitud.

Toda guía procede de las Escrituras. Hoy, Dios no habla en visiones o sueños como hacía cuando se escribía la Biblia (Heb. 2:1 y ss.), o por otros medios de revelación directa como tenían los profetas y los apóstoles (Ef. 3:5; 4:11; 2.ª Cor. 12:12 —éstos eran dones *fundacionales* para la iglesia, ahora quitados una vez ha sido puesto el fundamento—). Además, las llamadas intimaciones, toques en el espíritu, conjeturas, etc., todas deben ser rechazadas como medios de discernir la voluntad de Dios. Es equivocado mirar a las circunstancias, sacar un vellón, buscar puertas abiertas y cerradas. El Espíritu no iba a tomarse el trabajo de centenares de años para producir la Biblia sólo para prescindir luego de ella. No, en la Biblia hay todas las cosas necesarias para la vida y la piedad. De la Biblia sólo es de donde hay que sacar cada decisión; con esto basta.

Cuando los consejeros dejan a los aconsejados que busquen guía en otros puntos, van a estimularlos a ir por mal camino. Al final, todos estos otros medios no resultan ser nada más que: 1) seguir los propios deseos subjetivos, sentimientos que muchas veces no son de confianza, y 2) ser guiados por la voluntad de otro ser humano.

La voluntad de Dios se halla en la Biblia. Pero resulta en dos formas: Escritura aplicable directamente y Escritura aplicable indirectamente. Algunas veces los mandatos y principios bíblicos son aplicables directamente a los problemas a mano, como cuando uno se siente tentado a hurtar y recuerda el mandamiento: «No hurtarás», o cuando lee: «No se ponga el sol sobre vuestro enojo.» Estas aplicaciones no son fáciles de hacer, por más que sean fáciles de seguir. Cuando uno tiene que aplicar los principios indirectamente (generalmente más de uno) para responder a alternativas legítimas todas ellas, entonces aparecen las dificultades. No se puede responder tan fácilmente a preguntas como: «¿Aceptaré este empleo, o aquel?»; esto es difícil de contestar. Y es aquí donde la gente empieza buscando la manera de salir de dudas.

En cuestiones de este tipo hay que aplicar generalmente varios principios. En el ejemplo mencionado de la elección de empleo hay un par de principios bíblicos que se pueden usar para llegar a una decisión:

1. ¿Es el empleo legítimo bíblicamente? (robar, etc., no lo es).
2. ¿En cuál de las distintas oportunidades de empleo legítimas tengo mayor oportunidad de usar plenamente los dones que Dios me ha dado?
3. ¿Qué empleo me permitirá sostener a mi familia de modo adecuado?

Estos principios, junto con otros pertinentes no mencionados, serán usados para excluir algunos empleos. Así se va reduciendo el número de posibilidades. Si sólo queda una, la decisión está hecha.

Pero supongamos que, después de aplicar todos los principios bíblicos pertinentes a la situación, quedan todavía cuatro empleos, todos los cuales son legítimos; *¿qué hay que hacer? Se está libre para escoger a base de la preferencia o convivencia.*

Hay muchos que (equivocadamente) suponen que Dios, en alguna forma definitiva, hará la decisión final del caso. Esto es una idea falsa que da lugar a la búsqueda de guía por medio de trucos que son causa de mucho sufrimiento y pesar. En realidad, en vez de esto, tenemos libertad y hemos de gozar de ella. No hay necesidad de pasar agonías con puertas abiertas y cerradas y vellones.

La Biblia enseña que adoramos al Dios de la abundancia. ¡Es un Dios con abundantes sobras! No habría habido nada malo en coger *uno cualquiera* de los pedazos de pan cuando Cristo multiplicó los panes, pero había que *escoger uno* —había tal abundancia que sobraron doce canastas.

Así pues, cuando la elección es entre dos cosas que no son bastante diferentes en principio como para que esto incline la decisión, la determinación final entre ellas se deja a nosotros. Somos libres de la agonía de llevar hasta el final la elección precisamente de «lo único que es recto». *Cada uno* de los pedazos de pan es recto; no había *un* pedazo que era *el* que se debía coger y *únicamente* aquel. Esto significa que no tenemos que hacer decisiones morales respecto a qué par de calcetines o qué corbata nos ponemos, con tal que la elección se haga dentro de los principios generales bíblicos de la modesia y la moderación.

Al trabajar con los aconsejados, hay que poner énfasis en estos dos hechos:

1. Todos los principios bíblicos pertinentes tienen que ser aplicados a la decisión para limitar las posibilidades.
2. Si quedan opciones, uno ha de decidir a base de preferencia o conveniencia.

Naturalmente, ambos pasos deben ser dados en oración, puesto que Dios obra en la providencia general para ayudarnos, incluso cuando no nos da una revelación directa.

A estos dos principios podemos añadir un tercero: *el principio de retenerse*: Uno no ha de avanzar hasta que está seguro de que la acción que va a emprender no es pecado (Rom. 14:23).

El mayor problema que tenemos con los aconsejados es el de enseñarles cómo han de usar su cabeza, en oración, de una manera bíblica para tomar decisiones. Los muchos métodos falsos para «descubrir la voluntad de Dios» por medio de procedimientos diversos —los que sean— tienen algo en común: el aconsejado no tiene que pensar y puede considerar a Dios como responsable de su decisión. El método bíblico requiere trabajo: el estudio de la Biblia unido a pensar. El aconsejado mismo hace una decisión responsable con la ayuda de Dios.

Depresión

Si bien hay cierto número de posibilidades de que algunos problemas de depresión pueden proceder de causas químicas, hay pocas razones para creer que lo sean en un caso dado. La experiencia en la ayuda de personas deprimidas nos ha mostrado que la mayoría de los casos de depresión procede de un fallo en asumir o llevar a cabo las responsabilidades que Dios ha dado a cada uno.

No hay espacio aquí para desarrollar el pasaje de modo adecuado, pero en 2.ª Corintios 4 Pablo deja bien claro que incluso las enormes presiones que se ejercieron sobre él no llegaron a deprimirle. Al contrario del modo de pensar hoy de muchos, que creen que la presión lleva a la depresión, Pablo afirma:

«Por esto, teniendo nosotros este ministerio según la misericordia que hemos recibido, *no desmayamos*» (2.ª Cor. 4:1),

y así sigue diciendo:

«Estamos atribulados en todo, mas no estrechados; en apuros, mas no desesperados» (2.ª Cor. 4:8);

y, finalmente:

«Por lo cual, *no desmayamos*» (2.ª Cor. 4:16).

La persona deprimida «ha desmayado»; si se puede permitir una frase es ésta: «¡ha cedido!». «Está aplastado, está desesperado.» Pero Pablo no pasó por esto. ¿Qué le valió para no hacerlo bajo presiones como las que describe en 2.ª Corintios 11:23 y ss. y 2.ª Corintios 6:4-10? Nos lo dice en el versículo 1: había un servicio que debía prestar, que Dios le había entregado, y, por amor y gratitud a la misericordia de Dios, lo llevaría a cabo ¡a pesar de todo!

Popularmente, la palabra *depresión* se considera un período de abatimiento. Técnicamente, la palabra se refiere a uno que no ve sentido en seguir adelante, y está en una situación tan desesperada que (generalmente) renuncia y deja de funcionar en las actividades normales de la vida. Esa persona [1] renuncia a sus responsabilidades y está echada, desesperada, diciendo: «No puedo.» Está fuera de combate.

Lo que hemos de entender como consejeros es que una persona deprimida piensa que *no puede* hacer algo *porque está desesperada*, cuando en realidad está desesperada *porque falla* en cumplir las obligaciones que Dios le ha dado. La depresión ocurre cuando uno trata de resolver mal un período de abatimiento. Los períodos de abatimiento vienen a todos (después de una enfermedad, después de la culpa, etc.). Pero Pablo lo resolvió rectamente; es por esto que cuando estaba afligido, cuando estaba estrechado, cuando estaba perplejo, no desmayó, no se desesperó. Estaba abatido, pero nunca desesperado (deprimido).

Cuando se resuelve mal un período de abatimiento, el aconsejado va descendiendo en una espiral hacia la depresión. El factor clave es la forma de resolver un período de abatimiento; esto es lo que marca la diferencia. Si una mujer sigue sus sentimientos cuando está abatida, «pondrá de lado» sus responsabilidades (hasta que «sienta que quiere hacerlas»). Pero esto le causará problemas: *las personas que ceden a sus sentimientos renucian a sus responsabilidades.* Luego, a causa de la culpa y la contrariedad de que las cosas vayan quedando sin hacer, se sienten peor y ceden a *aquellos* sentimientos, se escabullen de más responsabilidades, se sienten inferiores, hasta que llegan al fondo.

---

1. Las estadísticas muestran que hay dos veces más depresiones en las mujeres que en los hombres.

A fin de ayudar a una persona deprimida, pues, el consejero tiene que decirle que asuma sus responsabilidades («ir a la compra y hacer las comidas»), ¡NO IMPORTA SI SE SIENTE CON DESEOS DE HACERLO O NO! Ella protestará: «No puedo.» Pero el consejero ha de insistir: «Si físicamente es capaz de *hacerlo*, tiene que *hacerlo, tanto si le gusta como si no le gusta*. No se trata de que *tenga ganas* de cocinar o de ir a la compra, tiene que *hacerlo*.» Cuando lo haga empezará a sentirse mejor y así irá subiendo en la espiral que había descendido.

De forma similar, el modo de prevenir la depresión en el futuro es entrenar a la persona a asumir sus responsabilidades, especialmente en un período de abatimiento, incluso (y especialmente) cuando no tiene ganas de hacerlo. Pablo siguió esta práctica (v. 1) y fue por esto que, bajo las pruebas y aflicciones mayores que las que lleva cualquier aconsejado, nunca se sintió deprimido. Hay que dejar claro que éste es un asunto de fe y de amor a Cristo.

La ira

En sí y por sí la ira no es mala. Dios está airado contra el impío todos los días (Sal. 7:11); Jesús estaba airado (Mar. 3:5), y los creyentes pueden estar airados también (Ef. 4:26). Hay dos cosas que hacen la ira pecaminosa:

1. Cuando es ocasionada por razones no bíblicas (por ejemplo, orgullo, avaricia, etc.).
2. Cuando la ira justa es expresada en una manera injusta.

Las expresiones pecaminosas de ira justa son «el dar rienda suelta a la ira» (Prov. 29:11; Ef. 4:31) y el resentimiento (Ef. 4:26). La ira tiene el potencial de destruir algo. En las dos expresiones pecaminosas de la ira destruye a personas (a otros, a uno mismo). Sólo Dios y el Estado, al cual Dios ha dado esta autoridad, tienen el derecho de destruir personas.

El aconsejado airado, pues, debe aprender a *expresar* su ira (no con resentimiento, no embotellándola) y hacerlo de *modo controlado* (no dándole rienda suelta, no estallando), dirigiendo su fuerza destructiva hacia los problemas que han aparecido, para destruirlos (o resolverlos) (Ef. 4:29*b*), en vez de hacerlo hacia personas (Ef. 4:29*a*).

Los aconsejados dicen que no *pueden* controlar la ira; y, con todo, lo hacen cuando tienen que hacerlo (en el trabajo, en la escuela, etc.). También expresan ira incontrolada sólo cuando han aprendido a hacerlo (generalmente en casa). El hacerles ver esto puede ser útil para ponerles en el buen camino.

El perdón

Algunas veces el problema básico del aconsejar es la falta de perdón; con más frecuencia, esto juega un papel complicativo. Un aconsejado ha de estar dispuesto a perdonar siempre que el otro dice que se arrepiente (Luc. 17:3 y ss.). Perdonar, no por causa de la otra persona sólo, sino principalmente por gratitud y amor a Cristo (Ef. 4:32).

El procurar el perdón no es dar excusas. El dar excusas («Me sabe mal, lo siento») es simplemente la expresión de los sentimientos de uno. Al dar excusas, no se confiesa que se haya hecho nada malo, ni se pide nada al otro; la pelota sigue todavía en las manos del que ha dado las excusas. Esto significa que el asunto no ha llegado a una conclusión. Al contrario, cuando uno pide perdón, dice: «Te he ofendido; ¿me perdonas?» Confiesa el pecado y echa la pelota al otro, el cual se ve obligado ahora a decir según la Biblia «Sí», y de esta manera la cosa queda terminada.

El perdón es *concedido* a otro sólo cuando éste lo busca, pero interiormente uno perdona al otro (es decir, ya no considera lo hecho como una ofensa o agravio, algo que puede volverse en amargura) en el corazón, en oración (Mar. 11:25). El perdón es una promesa. Cuando Dios perdona, dice: «No recordaré más vuestros pecados contra vosotros.» Una promesa se puede hacer y guardar tanto si uno tiene el *sentimiento* de que desea hacerlo como si no. Cuando uno ha concedido el perdón a otro le ha prometido:

1. No volver a mencionar el asunto al ofensor.
2. No mencionar a otros tampoco.
3. No pensar en ello él mismo.

Con frecuencia, los aconsejados preguntan: «¿Debo perdonar *y* olvidar?» La respuesta a esto es que uno ha de perdonar *para poder* olvidar. Sólo haciendo y guardando la triple promesa se puede perdonar. Pero cuando uno promete y guarda la promesa va a olvidar mucho más rápido de lo que piensa. Cuando una persona dice que ha perdonado a otro, pero que «no puede olvidar», no está guardando la promesa y tiene que pedir perdón por haberla quebrantado.

Otra pregunta que aparece a veces: «¿Qué hago ahora? Mary no quiere perdonarme» Si Mary es cristiana, el otro ha de seguir Mateo 18:15 y ss; si no lo es, seguir Romanos 12:18.

Estas ideas elementales sobre problemas comunes en el aconsejar son suficientes. Aunque son breves, contienen el meollo de lo que uno necesita saber y pueden servir como recordatorio de lo que hay que hacer. Con frecuencia, uno o más de estos problemas están entrelazados (p. ej., los problemas matrimoniales pueden ocasionar —o no *causar*— depresión y pueden implicar perdón). Para manejar situaciones complejas como ésta hay que separar cada problema de un conjunto (como Pablo hace en 1.ª Cor.) y tratar individualmente los problemas en orden apropiado (esto es: «No podemos tratar la cuestión de las relaciones sexuales pobres hasta que haya perdón mutuo y un compromiso a resolver los problemas a la manera de Dios»).

Espero que este capítulo pueda servir de reservorio para referencia de modo regular.

Capítulo 16

CÓMO DESARROLLARSE COMO CONSEJERO

Indudablemente, incluso después de estudiar este libro, habrás descubierto que un consejero bíblico efectivo es el que conoce mucho la Palabra de Dios, conoce mucho sobre la manera de ponerla en práctica en situaciones concretas de la vida, y es, él mismo, un cristiano que crece. ¿Cómo puede crecer uno como consejero?

Primero, ha de crecer como cristiano. No voy a extenderme sobre esto, puesto que aquí ya hay mucho escrito sobre el tema (no siempre bueno; no todo malo). Lo que me interesa es centrarme en los medios disponibles para ayudar a mejorar y acelerar tu crecimiento como *consejero*. Supongamos que estás creciendo como cristiano (sé que los dos no son fácilmente separables, pero hago la distinción simplemente por causa de conveniencia).

En segundo lugar, has de crecer en el estudio y práctica de la Biblia. El consejero ha de aprender a estudiar y usar la Biblia de modo efectivo, puesto que no está dando su propio consejo, sino el de Dios. El uso efectivo de la Biblia implica:

1. La voluntad a seguir la Biblia doquiera que lleve, incluso cuando aplasta las ideas queridas y los prejuicios de uno.
2. La capacidad de interpretar las Escrituras por medio de las Escrituras.
3. Interés en hallar el significado histórico-gramatical de cada pasaje, a fin de
4. Descubrir el *telos* (propósito) de cada pasaje (es decir: ¿Qué quiere *hacer* el Espíritu Santo a una persona por medio de este pasaje de la Escritura?);
5. Habiendo hallado el *telos*, una dedicación sin vacilaciones al principio de que hará uso del pasaje sólo para los propósitos que le ha mostrado el Espíritu Santo, no para otros.
6. La voluntad de pasar largas horas (pero gozosas) estudiando las Escrituras, usando comentarios, y otros métodos auxiliares, destinados a ayudar a uno a llegar a una comprensión de los pasajes difíciles y los problemas peliagudos.
7. La capacidad de usar las Escrituras de modo práctico aplicándolas de modo concreto y hallando el modo de poner en práctica los principios, primero en la propia vida, y luego en las vidas de aquellos a quienes aconseja.

Tercero, tiene que crecer como estudiante de la práctica de aconsejar bíblica. Hace diez años no había libros disponibles. En la actualidad, en cualquier librería evangélica encontrará abundantes materiales sobre el tema.

CONCLUSIÓN

En conclusión, permítaseme recordar que este libro no va a hacer que nadie se transforme en un consejero bíblico. Debe ayudar a llegar a serlo. Pero es un libro *elemental* que ha sido planeado para familiarizarte en el aconsejar bíblico, que describe tus responsabilidades como cristiano, que te ayuda a empezar y, una vez has empezado, contribuye a mejorar tus actividades.

Si esto ha estimulado tu apetito, ya sabes que has de buscar más, y dónde hallarlo. Si, por otra parte, necesitas buscar consejo, sabes lo que has de esperar. Si lo que se hace en el aconsejar que conoces no se aproxima a lo que has leído aquí, tienes que buscar otro consejero que aconseje bíblicamente. C.C.E.F. mantiene una lista de consejeros bíblicos. En los Estados Unidos se puede llamar a C.C.E.F. en el número (215) 884-7676.

De forma especial, confío en que obedezcas la orden de Gálatas 6:1, y empieces a aconsejar a aquellos a quien Dios de manera providencial ha puesto en tu camino, de modo que algunos cuyas vidas ahora no son útiles para la Iglesia de Cristo puedan ser restaurados a la utilidad. Si este libro contribuye a hacerte capaz de estar preparado para *restaurar* en mayor medida que ahora, estaré muy agradecido a Dios.

MATERIALES AUXILIARES
DEL CONSEJERO CRISTIANO

Manual del consejero cristiano, por Jay E. Adams.
Enciclopedia de problemas familiares, por James Dobson.
Manual de psicología cristiana, por Gay R. Collins.
Todo sobre la ira, por James Dobson.
Todo sobre el amor, por James Dobson.
Todo sobre la culpa, por James Dobson.
Emociones, ¿puedes confiar en ellas?, por James Dobson.
Útiles para el buen uso del tiempo, por Edward R. Dayton.
Guía a la eficiencia personal, por Richard. G. Hacston.
Manteniendo el equilibrio en un mundo de tensiones, por Robert Le Torneau.
Respuesta a las decisiones en el matrimonio, por Norman Wright.
Los peligros del pensamiento mal dirigido, por Salvador Iserte.
El hombre descentrado, por Salvador Iserte.
Carácter y personalidad, por Salvador Iserte.
El arte de agradar, por Salvador Iserte.
Respuesta a la frustración y la ira, por Norman Wright.
Respuesta a la depresión, por Norman Wright.
Respuesta a la disciplina, por Norman Wright.
Respuesta a la comunicación en familia, por Norman Wright.
Formación ética de la personalidad, por Salvador Iserte.
El secreto de la felicidad, por Salvador Iserte.

Apéndice A

DATOS PERSONALES

Nombre .... Teléfono ....

Dirección ....

Empleo .... Número teléfono ....

Sexo .... Fecha nacimiento .... Edad ......

Estado: Soltero ...... Casado ...... Separado ......

Divorciado ...... Viudo ......

Estudios cursados (último año completado): ...... grado.

Otros estudios (detallar y años) ....

....

Referencia hecha por ....

Dirección ....

INFORMACIÓN SOBRE LA SALUD:

Salud personal (marcar): Muy buena ...... Buena ......

Regular ...... Pobre ...... Otros datos ....

Cambios recientes en el peso: Perdido ...... Ganado......

Enumerar todas las enfermedades presentes o pasadas, lesiones o impedimentos ....

....

....

Fecha del último examen médico ....

Informe ....

....

Médico ....

Dirección ....

¿Toma medicación al presente? Sí ...... No ......

¿Qué toma? ....

¿Ha sido arrestado? Sí ...... No ......

Circunstancias ....

....

¿Está dispuesto a autorizar que se solicite información suya de tipo social, psiquiátrico o médico?

Sí ...... No ......

HISTORIAL RELIGIOSO:

Denominación de preferencia: ....

Miembro ....

Asistencia a la iglesia cada mes (poner un círculo):

0   1   2   3   4   5   6   7   8   9   10+

¿Bautizado? Sí ...... No ......

Asistió a la iglesia durante la infancia ....

Historial religioso del cónyuge (si es casado) ....

¿Se considera una persona religiosa? Sí ...... No ......

Incierto ......

¿Cree en Dios? Sí ...... No ...... Incierto ......

¿Ora a Dios? Nunca ...... A veces ......

Con frecuencia ......

¿Es salvo? Sí ...... No ...... No sé qué quiere decir ......

¿Con qué frecuencia lee la Biblia? Nunca ......

A veces ...... Con frecuencia ...... ¿Hay devociones en

su casa cada día? Sí ...... No ......

Explique cambios recientes en su vida religiosa si los

hay ....

....

VIDA DE MATRIMONIO Y FAMILIA:

Nombre del cónyuge ....

Dirección .... Teléfono ....

Empleo .... Teléfono ....

Edad del cónyuge ...... Estudios (en años) ......

Religión ....

¿Está dispuesto el cónyuge a asistir a las sesiones?

Sí ...... No ...... Incierto ......

¿Se han separado alguna vez? Sí ...... No ......

¿Cuándo? Desde .... a ....

¿Ha pedido el divorcio? Sí ...... No......

¿Cuándo? ....

Fecha del matriomnio ....

Edad cuando se casaron: Marido ...... Esposa ......

¿Cuánto tiempo hacía que conocía a su cónyuge al ca-

sarse? ....

Duración del noviazgo ....

Dé información de matrimonios previos si existen ......

....

Información sobre los hijos:

M.P.*	Nombre	Edad	Sexo	Vive Sí No	Estudios en años	Estado civil
......	......	......	......	......	......	......
......	......	......	......	......	......	......
......	......	......	......	......	......	......
......	......	......	......	......	......	......

Explique si fue criado por otras personas que sus padres

....

¿Cuántos hermanos mayores? ...... ¿hermanas? ......

¿Cuantos hermanos menores? ...... ¿hermanas? ......

¿Ha habido muertes en la familia durante el año pasado? Sí ...... No ...... ¿Quién y cuándo? ....

....

INFORMACIÓN DE LA PERSONALIDAD:

¿Ha usado drogas o fármacos con propósitos distintos de medicación? Sí ...... No ...... ¿Qué? ....

....

* Indicar en esta columna si es de matrimonios previos.

153

¿Ha tenido algún trastorno emocional severo? Sí ......
No ...... Explique ....

....

¿Ha recibido psicoterapia o ha sido aconsejado antes?
Sí ...... No ...... Si la ha recibido, dé nombre del consejero o terapeuta y fechas ....

....

....

¿Cuál fue el resultado? ....

....

Ponga un círculo en las palabras que le describan mejor:
activo   ambicioso   confiado en ti mismo   persistente
nervioso   trabajador   impaciente   impulsivo
de humor variable   abatido   excitable   imaginativo
tranquilo   serio   bonachón   tímido   introvertido
extrovertido   agradable   resuelto   líder   quieto
difícil   sumiso   solitario   hipersensible   otros ...

....

¿Ha creído alguna vez que los demás le observan?
Sí ...... No ......

¿Le ha parecido alguna vez que las caras de los demás están desfiguradas? Sí ...... No......

¿Ha tenido dificultad alguna vez en distinguir las caras? Sí ...... No ......

¿Le han parecido los colores demasiado brillantes? ......

¿Demasiado deslucidos? ......

¿Tiene dificultad alguna vez para juzgar las distancias? Sí ...... No ......

¿Has tenido alguna vez alucinaciones? Sí ...... No ......

¿Tiene buen oído? Sí ...... No ......

¿Tiene dificultades para poder dormir? Sí ...... No ......

¿Cuántas horas duerme cada noche como promedio? ...

CONTESTE BREVEMENTE LAS SIGUIENTES PREGUNTAS:

1. ¿En qué consiste el problema que tiene? (¿Qué le trae aquí?)

2. ¿Ha hecho algo sobre este problema?

3. ¿Qué es lo que quiere que hagamos por usted?
    (¿Qué expectativas tiene al venir aquí?)

4. ¿Qué es lo que le trae aquí ahora?

5. ¿Hay otra información que considere vale la pena
    dar?

Apéndice B

LA LISTA DE TRABAJO:
VERSÍCULOS POR TÓPICOS

En las páginas siguientes, ordenados alfabéticamente, hay una lista de tópicos, y bajo cada uno hay una serie de textos de la Escritura seleccionados. En varios sentidos, ésta es una lista curiosa, como se verá al dar una mirada. Pero el consejero entenderá la naturaleza peculiar de la lista, y, en realidad, esto constituye su valor. Es del todo una lista para el consejero. Es una lista de trabajo, basada en las áreas en las que más corrientemente encontrará necesidades, pecados y problemas en el curso del aconsejar, junto con referencias a pasajes bíblicos clave que se ha demostrado son útiles para tratar cada uno de estos tópicos.

Como la selección de porciones específicas de las Escrituras va a varias de un consejero a otro, según su modo de ver los textos y aun su interpretación, se ha dejado espacio debajo de cada tópico para que se puedan añadir referencias. De esta manera, el consejero, al hacer sus propias adiciones, la lista pasa a ser una fuente de referencias personalizada, que puede ser usada para muchos propósitos, algunos más allá de sus intereses en el aconsejar. Es indudable que la lista es limitada, pero se espera que será adecuada. El poner demasiados tópicos o referencias escriturales habría confundido al consejero que procura obtener ayuda rápida (quizás, a veces, incluso durante la misma sesión). En realidad, la selectividad es lo que hace la lista más útil. Como muchas personas han perdido una lista así, considero que va a cubrir una necesidad real.

Adulterio

Éx. 20:14
2.º Sam. 11:2
Prov. 2:16-18; 5:1-23;
    6:23-35; 7:5-27; 9:13-16
Oseas (Libro de)
Mal. 2:13-16
Mat. 5:28; 15:19; 19:9
1.ª Cor. 16:9-11

Alcoholismo (ver Borrachera)

Amargura (ver Resentimiento)

Amistad

Prov. 27:6, 10; 17:9, 17
Jn. 15:13-15

Amor

Prov. 10:12; 17:19
Mat. 5:44; 22:39, 40
Rom. 13:10
1.ª Cor. 13
1.ª Ped. 1:22
1.ª Jn. 4:10, 19; 5:2, 3
2.ª Jn. 5, 6

Ansiedad (ver Preocupación)

Arrepentimiento

Luc. 3:8-14; 24:47
Hch. 3:19; 5:31; 17:30;
    26:20
2.ª Cor. 7:10; 12:21

Asociaciones (buenas, malas)

Prov. 9:6; 13:20; 14:9;
    22:24; 23:20, 21; 29:24
Rom. 16:17, 18
1.ª Cor. 5:9-13
2.ª Cor. 6:14-18
2.ª Tim. 3:5

Borrachera

Prov. 20:1; 23:29-35;
    31:4-6; 23:20
Ef. 5:18
1.ª Ped. 4:3

Calumnia (ver Murmuración)

Cambio

Ez. 36:25-27
Mat. 16:24
Ef. 4:17-32
Col. 3:1-14
1.ª Tes. 1:9
2.ª Tim. 3:17
Heb. 10:25
Stg. 1:14, 15
1.ª Ped. 3:9

Celos (ver Envidia)

Comunicación

Ef. 4:25-32

Conciencia

Mar. 6:19
Hch. 24:16
Rom. 2:15
1.ª Cor. 8:10, 12
1.ª Tim. 1:5, 19; 3:9
2.ª Tim. 1:3
Heb. 13:18
1.ª Ped. 3:16, 21

Concupiscencia (ver Deseo)

Confesión

Prov. 28:13
Stg. 5:16
1.ª Jn. 1:9

Convicción

Jn. 16:7-11
2.ª Tim. 3:17
Jud. 15

Cuerpo

Rom. 12:1, 2
1.ª Cor. 3:16, 17; 6:18-20; 15
2.ª Cor. 5:1-4

Culpa (Echar la)

Gén. 3:12, 13
Prov. 19:3

Decisiones

2.ª Tim. 3:15-17
Heb. 11:23-27

Depresión

Gén. 4:6, 7
Sal. 32, 38, 51
Prov. 18:14
2.ª Cor. 4:8, 9

Deseo

Gén. 3:6
Ex. 20:17
Prov. 10:3, 24; 11:6; 28:25
Mat. 6:21
Luc. 12:31-34
Rom. 13:14
Gál. 5:16
Ef. 2:3
Tit. 2:12; 3:3
Stg. 1:13-16; 4:2, 3
1.ª Jn. 2:16
Jud. 18
1.ª Pet. 1:14; 4:2, 3

Disciplina

Prov. 3:11, 12; 13:24;
    19:18; 22:6, 15; 23:13;
    29:15
1.ª Cor. 5:1-13; 11:29-34
2.ª Cor. 2:1-11
Ef. 6:1-4
1.ª Tim. 4:7
Heb. 12:7-11

Divorcio

Gén. 2:24
Deut. 24:1-4
Is. 50:1
Jer. 3:1
Mal. 2:16
Mat. 5:31, 32; 19:3-8
Mar. 10:3-5
1.ª Cor. 7:10-24, 33-34, 39-40

Dones

Rom. 12:3-8
1.ª Cor. 12 — 14
1.ª Ped. 4:10, 11

Duda

Stg. 1:6-8

Envidia

Tit. 3:3
Stg. 3:14-16
1.ª Ped. 2:1

Escuchar

Prov. 5:1, 2, 13; 13:18;
    15:31; 18:13

Esperanza

Prov. 10:28; 13:12
Rom. 15:4, 5
1.ª Tes. 1:3; 4:13-18
Heb. 6:11, 18, 19

Huida

Gén. 3:8
Prov. 18:1
1.ª Ti. 6:11
2.ª Ti. 2:22

Familia

Gén. 2:18, 24
Éx. 20:12

Hábitos

Prov. 19:19
Is. 1:10-17
Jer. 13:23; 22:21
Rom. 6 — 7
Gál. 5:16-21
1.ª Ti. (Libro de)
Heb. 5:13 ss.
1.ª Ped. 2:14, 19

Humildad

Prov. 3:34; 15:33; 16:19;
22:4; 29:23
Gál. 6:1, 2
Fil. 2:1-11
Stg. 4:6, 10
1.ª Ped. 5:6, 7

Hurtar

Éx. 20:15
Prov. 20:10, 23; 29:24;
30:7-9
Ef. 4:28

Hijos (ver Familia)

Homosexualidad

Gén. 19
Lev. 18:22; 20:13
Rom. 1:26-32
1.ª Cor. 6:9-11
1.ª Ti. 1:10

Iglesia

Ef. 4:1-16
Heb. 10:25
Apoc. 2, 3

Ira

Gén. 4:5-7
Sal. 7:11
Prov. 14:17, 29; 15:1, 18;
19:11, 19; 20:3, 22;
22:24; 24:29; 25:15, 28;
29:11, 22
Mar. 3:5
Ef. 4:26-32
Stg. 1:19, 20

Madre (ver Familia)

Mandamiento

Éx. 20
Prov. 13:13
Luc. 17:3-10
Jn. 13:34; 15:12
1.ª Jn. 5:2, 3

A. Marido/Esposa

Gén. 2:18, 24
Ef. 5:22-33
Col. 3:18-21
1.ª Ped. 3:1-17
1.ª Ti. 2:11-15

B. Padres/Hijos

Gén. 2:24
2.ª Cor. 12:14
Ef. 6:1-4
1.ª Ti. 3:4, 5

Mentira

Éx. 20:16
Prov. 12:19, 22
Ef. 4:25
Col. 3:9

Muerte

Sal. 23:6
Prov. 3:21-26; 14:32
1.ª Cor. 15:54-58
Fil. 1:21, 23
Heb. 2:14, 15

Murmuración

Prov. 10:18; 11:13; 18:8;
20:19; 26:20-22
Stg. 4:11

Obediencia

1.º Sam. 15:22
Luc. 17:9, 10
Hch. 4:19; 5:29
Ef. 6:1
Heb. 5:8; 13:17
1.ª Ped. 1:22

Orgullo

Prov. 8:13; 11:2; 13:10;
16:18; 18:12; 21:24;
27:1; 29:23

Padre (ver Familia)

Paz

Prov. 3:1, 2; 16:7
Jn. 14:27
Rom. 5:1; 12:18; 14:19
Fil. 4:6-9
Col. 3:15
Heb. 12:14

Pena

Prov. 14:13; 15:13
Ef. 4:30
1.ª Tes. 4:13-18

Perdón

Prov. 17:9
Mat. 6:14, 15; 18:15-17
Mar. 11:25
Luc. 17:3-10
Ef. 4:32
Col. 3:13
Stg. 5:15
1.ª Jn. 1:8-10

Pereza

Prov. 12:24, 27; 13:4;
15:19; 18:9; 26:13-16
Mat. 25:26

Ponerse/Quitarse (ver Cambio)

Premio/Castigo

Prov. 13:24; 22:15; 29:15
2.ª Cor. 2:6; 10:6
Heb. 10:35; 11:26
2.ª Jn. 8

Preocupación

Prov. 12:25; 14:30; 17:22
Mat. 6:24-34
Fil. 4:6, 7
1.ª Ped. 5:6, 7

Reconciliación

Mat. 5:23, 24; 18:15-17
Luc. 17:3-10

Resentimiento

Prov. 26:24-26
Heb. 12:15

Seguridad

Heb. 4:16; 6:11
1.ª Ped. 1:3-5
2.ª Ped. 1:10
1.ª Jn. 5:13, 18, 19

Sexualidad

Gén. 2:25
1.ª Cor. 7:1-5

Temor

Gén. 3:10
Prov. 10:24; 29:25
Mat. 10:26-31
2.ª Tim. 1:7
Heb. 2:14, 15
1.ª Ped. 3:6, 13, 14
1.ª Jn. 4:18

Trabajo

Gén. 2:5-15; 3:17-19
Prov. 14:23; 18:9; 21:5;
22:29; 24:27; 31:10-31
1.ª Cor. 15:58
Col. 3:22-24
1.ª Tes. 4:11
2.ª Tes. 13:6-15

Vergüenza

Gén. 2:25
Prov. 11:2; 13:18
1.ª Cor. 4:14
1.ª Ped. 3:16

Vida (Problemas que dominan la)

1.ª Cor. 6:9-12
Ef. 5:18
Apoc. 21:8; 22:15

Printed in the USA
CPSIA information can be obtained
at www.ICGtesting.com
JSHW011313100624
64544JS00006B/9